МЕЖДУНАРОДНОЕ РАЗВИТИЕ В ЦЕНТРЕ ВНИМАНИЯ

НАВСТРЕЧУ ПЕРЕМЕНАМ

Укрепление национального финансового холдинга Казахстана для повышения эффективности развития и создания рынка

МАРТИН МЕЛЕЦКИ, ПАСКУАЛЬ ДИ БЕНЕДЕТА, ИСМАИЛ АХМАД ФОНТАН, ГАНБААТАР ЖАМБАЛ, И МИШЕЛЬ НОЭЛЬ

1818 H Street NW, Washington, DC 20433
Телефон: 202-473-1000; Веб-сайт: www.worldbank.org

1 2 3 4 26 25 24 23

Настоящий документ был первоначально опубликован Всемирным банком на английском языке под названием *Braced for Impact: Reforming Kazakhstan's National Financial Holding for Development Effectiveness and Market Creation* в 2023. В случае расхождений следует руководствоваться языком оригинала.

ISBN: 978-1-4648-2046-5
DOI: 10.1596/978-1-4648-2046-5

Фотография на обложке: © Таша Ромарт / Shutterstock.com. Используется с разрешения Таша Ромарт / Shutterstock.com. Для повторного использования требуется дополнительное разрешение.
Дизайн обложки: Дебра Нэйлор / Naylor Design Inc.

Содержание

Вставка

Рисунок

Таблица

Предисловие

Правительство Казахстана вступило на амбициозный путь реформирования своего квазифискального сектора. Как и во многих других странах, квазифискальный сектор в Казахстане является большим и сложным и включает в себя многочисленные предприятия в собственности государства (ПСГ) и другие юридические лица. В 2022 году более 6 000 ПСГ принадлежали центральным или местным органам власти, при этом около 10 процентов из них были зарегистрированы как акционерные общества или товарищества с ограниченной ответственностью. Квазигосударственные предприятия были созданы в различных организационно-правовых формах и присутствуют в различных секторах экономики, включая энергетику, транспорт и связь, финансовые услуги, здравоохранение и образование, коммунальные услуги, а также исследования и подготовку кадров. Крупнейшие ПСГ принадлежат холдинговым компаниям, которые управляют ими от имени государства. Примерами холдинговых компаний являются Фонд национального благосостояния «Самрук-Қазына» для государственных промышленных активов, Национальный медицинский холдинг для государственных предприятий в сфере здравоохранения, «КазАгро» для государственных предприятий в сельском хозяйстве (дочерние организации «КазАгро» были присоединены к холдингу «Байтерек»), Национальный управляющий холдинг «Байтерек» для государственных финансовых институтов.

Национальный управляющий холдинг Байтерек представляет собой конгломерат из восьми государственных финансовых институтов (ГФИ), консолидированный баланс которых составляли около 12 процентов Внутренний валовой продукт (ВВП) Казахстана в 2022 году. Эти ГФИ осуществляют как оптовые, так и розничные операции для поддержки развития страны. Они различаются по типу, включая государственные коммерческие финансовые учреждения, финансовые институты развития (ФИР), посредников в предоставлении государственных финансовых субсидий и других фискальных агентов. Например, они охватывают более 40 процентов банковского кредитования малых и средних предприятий (МСП), около 70 процентов ипотечного кредитования жилья и более 90 процентов кредитования и лизинга сельского хозяйства. Воздействие программ «Байтерек» на уровне бенефициаров, включая предприятия, домохозяйства и сообщества, а также на уровне создания финансового рынка подверглось критике со стороны заинтересованных сторон. Поэтому реформирование

Национального холдинга «Байтерек» является одним из приоритетов реформы квазифискального сектора.

Этот отчёт призван восполнить пробел в литературе по ФИР и инвестициям ориентированных на развитие, представив новую концепцию оценки ФИР и конгломератов ФИР в сравнении с контрольными показателями воздействия, капитала, риска и управления и применив ее к казахстанскому Национальному управляющему холдингу «Байтерек». Данная публикация призвана поддержать усилия Правительства Казахстана по проведению реформ путем предложения вариантов реформ и технических рекомендаций для холдинга «Байтерек», которые могут быть использованы при разработке плана действий. При условии принятия достаточно всеобъемлющего комплекса действий по принципу «сверху вниз» и «снизу вверх» реализация плана может помочь холдингу «Байтерек» продвинуться среди ведущих финансовых институтов развития в мире.

Государственные программы финансовой поддержки во многих развивающихся странах нуждаются в срочной консолидации и укреплении их институциональных структур, чтобы повысить эффективность финансирования развития. Некоторые страны уже идут по тому же пути, что и Казахстан, создавая конгломераты ФИР для улучшения управления государственными программами финансовой поддержки и более эффективного достижения результатов. Таким образом, опыт Казахстана в оценке своего конгломерата ФИР в соответствии с предложенной концепцией оценки воздействия, капитала, риска и управления может быть информативным для других стран. Он может помочь в проведении аналогичных оценок, консолидировать ГФИ других стран в четкие коммерческие ГФИ и структуры ФИР с двойным результатом или создать новую структуру ФИР взамен слабо институционализированных и управляемых государственных программ финансовой поддержки. Кроме того, это может помочь, например, в укреплении механизмов воздействия, включающих как конечных бенефициаров, так и создающих рынок, в выборе инвестиционных проектов на основе экономической нормы доходности, пороговой ставки и соответствующего уровня льготности, или в управлении рисками, которые ФИР берут на себя комплексно в отношении финансовых, операционных рисков и рисков, связанных с воздействием (таких как риск справедливого перехода).

Выражение Признательности

Настоящий отчет был подготовлен группой под руководством Мартином Мелецки (ведущий экономист), в которую вошли Паскуале Ди Бенедетта (старший специалист по финансовому сектору), Исмаэль Ахмад Фонтан (старший специалист по финансовому сектору), Ганбаатар Жамбал (старший специалист по финансовому сектору) и Мишель Ноэль (старший консультант). Отчет был подготовлен под руководством Татьяны Проскуряковой (региональный директор), Асада Алама (региональный директор), Илиаса Скамнелоса (руководитель практики) и Андрея Михнева (страновой менеджер).

Команда хотела бы поблагодарить за руководство, поддержку и комментарии Жана-Франсуа Марто (руководитель практики и бывший страновой менеджер в Казахстане), Джейн Ольгу Эбингер (руководитель программы), Саламат Кусаиновой (специалист по управлению), Каната Кайырберли (старший страновой специалист), Мариану Иотти де Пайва Диас (старший экономист), Андрея Бусуйока (старший специалист по финансовому управлению); Катерина Левитанская (операционный работник IFC); Гаухар Оспанова (специалист по частному сектору); Асет Бижан (специалист по частному сектору), Александр Берг (старший специалист по финансовому сектору), Вэй-Джен Леоу (старший специалист по экологическому финансированию), Джамсу Рахарджа (старший экономист), Галина Клименко (главный директор по инвестициям IFC). Команда благодарна Гульмире Акшатыровой (ассистент программы); Айсулу Майлыбаева (помощник руководителя); Айгерим Алпкарина (ассистент программы) и Шынар Джетписова (специалист по внешним связям) за поддержку в административных и коммуникационных вопросах.

Этот отчет был бы невозможен без любезной помощи и помощи наших коллег из Министерства национальной экономики, Холдинга «Байтерек» и его дочерних организаций, и мы хотели бы выразить искреннюю благодарность Алибеку Куантырову (министру национальной экономики) и Жадыре Темирбаевой (директору Министерства национальной экономики), Альтаиру Ахметову (заведующий Отделом государственного управления, Администрация Президента Республики Казахстан), Жомарту Абиесову (заместитель заведующего Отделом государственного управления, Администрация Президента Республики Казахстан) и Алмазу Абылкасымову (заместитель заведующего Отделом государственного управления, Администрация Президента Республики Казахстан), Канату Шарлапаеву (бывший председатель правления, АО НУХ Байтерек, в настоящее время Министр индустрии и строительства); Мадина Ержанова (руководителью департамента стратегии и аналитики, АО НУХ «Байтерек»); Алихан Ержанов (Менеджер по развитию проектов, АО НУХ «Байтерек»); Джамиля Нуанова (Служба внутреннего аудита, АО НУХ «Байтерек»); Асет Тажикенов (директор департамента управления проектами АО НУХ «Байтерек»); Калжан Аргынбай (Старший менеджер Департамента управления проектами АО НУХ «Байтерек»); Ботагоз Абишева (Заместитель Председателя Правления Банк развития Казахстана); Марат Елибаев (Директор по работе с клиентами, Банк развития Казахстана); Адина Бериккызы (Директор по финансированию и международным связям Банк развития Казахстана); Арсен Мустафин (директор департамента кредитных программ АО Фонд развития предпринимательства «ДАМУ»); Нурсултан Абыкаев (директор департамента портфельных фондов АО «Qazaqstan Investment Corporation»).

Выводы, толкования и заключения, изложенные в настоящем докладе, принадлежат сотрудникам Всемирного банка и не обязательно отражают точку зрения Совета директоров Всемирного банка или правительств, которые они представляют. Для получения информации о Всемирном банке и его деятельности в Республике Казахстан, пожалуйста, посетите https://www.worldbank.org/en/country/kazakhstan.

Об авторах

Исмаэль Ахмад Фонтан является старшим специалистом финансового сектора в Консультативном центре финансового сектора (FinSAC) Глобальной практики в сфере финансов, конкурентоспособности и инноваций Всемирный банк. Он специализируется на банковском регулировании, надзоре, разрешении споров и обеспечении устойчивости. Исмаэль поступил во Всемирный банк в 2019 году и работал во многих странах Юго-Восточной Европы, Южного Кавказа, Центральной Азии, Восточной Азии и Африки. До прихода во Всемирный банк Исмаэль работал в департаментах банковского надзора и регулирования Банка Испании и занимал руководящие должности в консалтинговом бизнесе (PwC и Bluecap Management Consulting). Он получил степень в области права и делового администрирования в Университете ICADE.

Паскуале Д. И. Бенедетта является старшим специалистом по финансовому сектору Всемирного банка и специализируется на реформировании корпоративного управления для рынков капитала, финансовых секторов и государственных предприятий. За более чем 15 лет работы в Всемирный банк и МВФ, он участвовал в проектах в более чем 60 странах. Являясь гражданином Италии, Паскуале получил степень в области международного права в Италии (Бари и Тренто) и Австрии (Зальцбург), а также степень магистра в США (Джонс Хопкинс). Паскуале свободно владеет тремя языками (итальянским, английским и испанским) и проживает в Вашингтоне.

Ганбаатар Жамбал является старшим специалистом по финансовому сектору Глобальной практики в сфере финансов, конкурентоспособности и инноваций Всемирный банк по Европе и Центральной Азии. Он специализируется на банковском надзоре, управлении рисками, экономическом моделировании и экологичном финансировании. Ганбаатар поступил во Всемирный банк в 2015 году, и с тех пор он работал над проектами развития, реализуемыми в Европе и Центральной Азии, Восточной Азии и Тихоокеанском регионе, а также в Африке. До прихода во Всемирный банк Ганбаатар занимал различные руководящие должности в Центральном банке Монголии, включая должности директора Управления политики регулирования, генерального директора по банковскому надзору, главного экономиста, старшего советника Председателя Центрального банка. Он также занимал должность председателя Национального координационного комитета по борьбе с отмыванием денег. Он имеет степень магистра в области финансовой экономики в сфере государственной политики и степень доктора экономики.

Мартин Мелецки является ведущим экономистом Глобальной практики в сфере финансов, конкурентоспособности и Всемирный банк. Он руководит программами оценки финансового сектора, операциями в области политики развития, а также проектами инвестиционной и технической помощи в странах Южной Азии, Европы и Центральной Азии с развивающейся экономикой. Мартин является соавтором региональных докладов «Скрытый долг в Южной Азии», «Экономические коридоры в Южной Азии» и «Финансы для общего процветания в Европе и Центральной Азии». Он также является ведущим автором главы о роли финансовой системы в управлении рисками в *Докладе о мировом развитии за 2014 год*. Мартин публиковался в таких журналах, как *Journal of Development Economics, World Bank Economic Review, World Bank Research Observer, Cambridge Journal of Regions, Economy and Society, Journal of Regional Science, Journal of Banking and Finance, Journal of Financial Stability, Journal International Money and Finance, and Climate Change Economics*. Будучи гражданином Чехии, он получил степень доктора экономических наук в Университете Нового Южного Уэльса, Австралия.

Мишель Ноэль является старшим консультантом Всемирного банка, где он консультирует группы по реформированию нормативно-правовой базы для частного акционерного капитала и венчурного капитала, а также по разработке и внедрению гибридных государственных и частных инвестиционных фондов, включая «зеленые» и «синие» фонды в нескольких регионах. В период своей карьеры во Всемирном банке с 1980 по 2017 год он занимал ряд технических и управленческих должностей и опубликовал многочисленные работы о реформировании финансового сектора и приватизации. С 2009 по 2015 год он являлся менеджером практики по небанковским финансовым учреждениям, а с 2015 по 2017 год он руководил инвестиционными фондами в Глобальной практике в сфере финансов, конкурентоспособности и Всемирный банк. Он является соучредителем и управляющим партнером Sovereign Fund Advisory LLC и старшим советником Bloccelerate Venture Capital. Он получил степень магистра экономики и социальных наук в Университете Намюра, Бельгия.

Резюме

АО «Национальный управляющий холдинг «Байтерек» (далее – АО «НУХ «Байтерек», Холдинг «Байтерек», Холдинг), государственная холдинговая компания, которая контролирует финансовые институты развития (ФИР), созданные в Казахстане, превратился в значимый инструмент финансовой поддержки Правительства Казахстана, который оказывает влияние на финансирование несырьевых секторов экономики и функционирование финансовых рынков. На момент создания в 2013 году общая доля консолидированных активов холдинга «Байтерек» составляла 5,6 процента Внутренний валовой продукт (ВВП), а к 2022 году она выросла примерно до 12 процентов. Холдинг «Байтерек» играет двойную роль, выступая в качестве как ФИР, так и фискального агента, т.е. посредника в предоставлении государственных бюджетных средств для субсидирования финансовых услуг и приобретения облигаций субнациональных организаций.

Несмотря на свою доминирующую роль и заявленное влияние холдинг «Байтерек», возможно, не в полной мере реализует свой потенциал для оказания реального воздействия на сферу развития, создания эффективных финансовых рынков и привлечения частного капитала. Холдинговая компания стремится оказывать положительное воздействие на конечных бенефициаров, то есть на микро-, малые и средние предприятия (ММСП) и домохозяйства, способствуя увеличению продаж и помогая создавать рабочие места у бенефициаров. Но методология холдинга «Байтерек», используемая для измерения воздействия, не обладает достоверной атрибуцией и допускает двойной или тройной подсчет воздействия. Кроме того, холдинг «Байтерек» не уделяет достаточного внимания созданию финансового рынка и взаимодополняемости в плане привлечения капитала на уровне транзакций и финансирования.

В дополнение к активному участию в продвижении повестки дня в экологической, социальной и управленческой (ЭСУ) сфере холдинг «Байтерек» мог бы помочь экономике и финансовым рынкам справиться с вызовами снижения воздействия и адаптации, включив климатическое финансирование и экологизацию в свою стратегию. Стратегия и механизмы воздействия холдинга «Байтерек» могут быть ориентированы на оказание воздействия на климат на уровне бенефициаров, а также на расширение рынков зеленого финансирования. Несмотря на то, что зеленое финансирование является абсолютно новым направлением развития сектора ФИР, холдинг «Байтерек» мог бы стать одной из ведущих организаций в этой области в мировом масштабе.

Двойная роль холдинга «Байтерек» (как ФИР, так и фискального агента) создает многочисленные проблемы в управлении холдинговой компанией в отношении реального среднесрочного воздействия. Конкурируя непосредственно на финансовых рынках на неравных условиях, холдинг «Байтерек» может создавать искажения и вытеснять частный капитал, в частности препятствуя его выходу на рынки и расширению предоставления некоторых финансовых услуг. Вместе с тем, существующая система управления холдингом «Байтерек» не обеспечивает политическую независимость при принятии финансовых решений, целостное управление рисками или ответственность за воздействие.

Оценки и рекомендации для холдинга «Байтерек», представленные в данном отчете, могут быть представлены в виде системы, сфокусированной на аспектах воздействия, капитала, рисков и управления.

Воздействие. Воздействие охватывает среднесрочные конечные результаты на уровне как конечных бенефициаров (фирмы, домохозяйства), так и финансовых рынков. Холдинг «Байтерек» мог бы разработать стратегию реального воздействия на обоих уровнях. Это могло бы изменить восприятие функционирования модели «государство навсегда» в его взаимодействии с финансовыми рынками и более эффективно привлекать частный капитал. Управление в целях достижения реального воздействия включает четыре аспекта: вклад, атрибуцию, измерение и верификацию. Кроме того, процесс отбора проектов можно было бы улучшить, используя анализ затрат и выгод, который направлен на достижение взаимодополняемости в отношении более широких экономических выгод, таких как рабочие места, добавленная стоимость, снижение выбросов парниковых газов (ПГ) и устойчивость к потрясениям и катастрофам на основе надлежащих альтернативных сценариев.

Капитал. Управление капиталом предполагает мобилизацию больших объемов частного капитала и защиту как государственного, так и частного финансирования от чрезмерных убытков. Мобилизация большего объема частного капитала для финансирования холдинга «Байтерек» и его дочерних организаций не только позволила бы привлечь больше средств на Цели устойчивого развития (ЦУР), но также могла бы повысить эффективность воздействия и улучшить управление рисками за счет участия активных инвесторов. Хотя холдинг «Байтерек» и осваивает рынки облигаций для размещения долга, инвестиции в акционерный капитал он не привлекает. На уровне финансирования своих проектов холдинг «Байтерек» мог бы следовать лучшей международной практике и включить целевые показатели для мультипликаторов частного капитала. С другой стороны, условные бюджетные обязательства, вытекающие из финансового кредитного плеча холдинга «Байтерек», должны четко регулироваться при помощи механизма управления среднесрочным долгом. Приватизация или национализация могут создавать условные обязательства и требуют наличия более прозрачных механизмов принятия решений и ценообразования отчасти для информирования финансовых рынков и управления их ожиданиями.

Риски. Соображения в отношении рисков включают управление финансовыми рисками, корпоративными рисками и рисками, связанными с воздействием. Управление финансовыми и более широкими корпоративными рисками имеет большое значение для финансовых учреждений, таких как холдинг «Байтерек» и его дочерние организации. Холдинговая компания добилась хороших результатов во многих областях, но пробелы остаются. Холдинг «Байтерек» мог бы разработать механизм управления рисками, относящимися к воздействию, такими как риски, связанные со справедливым переходом или перемещением. Модель децентрализованного управления рисками больше соответствовала бы деятельности холдинга «Байтерек», чем его текущая модель, и могла бы оградить группу от политического влияния. В модели децентрализованного управления рисками внутренний аудит, функции директора по управлению рисками и директора по комплаенсу могли бы стать основными направлениями интеграции функций контроля над рисками на уровне группы «Байтерек»; такой механизм будет отражать подход к управлению рисками, основанный на лучшей практике «трех линий обороны».

Управление. Управление включает многочисленные аспекты, такие как политическая независимость, необходимые навыки, соответствующие обязанностям совета директоров и правления, а также механизм подотчетности, ориентированный на воздействие. В соответствии как с политической, так и с независимой моделью совета директоров холдинга «Байтерек» различные органы (правление холдинга «Байтерек», советы директоров дочерних организаций холдинга «Байтерек» и правления дочерних организаций) должны быть надлежащим образом ограждены от политического влияния. Эти органы также должны иметь в своем составе различных профессионалов, которые обеспечивают выполнение всех полномочий холдинга «Байтерек» — от коммерческой деятельности до финансирования направлений, обеспечивающих достижение двойного результата, и субсидирования финансовых услуг. Нынешняя структура дочерних организаций, по-видимому, не является оптимальной и может быть оптимизирована на основе коммерческих целей, целей по достижению двойного результата и целей работы в качестве фискального агента (эффективное посредничество в предоставлении субсидий). Кроме того, холдинг «Байтерек» мог бы укрепить подотчетность за счет повышения потенциала своих сотрудников, занимающихся контрольной деятельностью, и создания новых механизмов независимой оценки среднесрочного воздействия, финансовой устойчивости и рыночного поведения. В интересах деятельности холдинга «Байтерек» в сфере ФИР необходимо изолировать и оптимизировать направление бизнеса по субсидированию.

Рекомендации, включенные в настоящий отчет, могли бы помочь Правительству Республики Казахстан подготовить подробную дорожную карту последовательных мероприятий, направленных на выполнение предлагаемой программы реформирования, с указанием ответственных организаций и сроков выполнения. Правительство может принять эти технические рекомендации и предлагаемые варианты реформ полностью или выбрать только некоторые из них с учетом их политической выполнимости. (см. Таблицу О.1, в которой в обобщенном виде представлены рекомендации, и Дополнение А, включающее более подробный перечень.)

Дорожная карта могла бы включать мероприятия, направленные на реализацию программы реформирования как на основе подходов «сверху - вниз», так и «снизу - вверх». Подходы «сверху - вниз», такие как политические реформы, правовые и регулятивные мероприятия, являются комплексными, но требуют больше времени для реализации и медленнее отражаются в корпоративной культуре. Таким образом, дополнительные мероприятия «снизу - вверх» часто используются при управлении изменениями для запуска пилотных проектов, которые имеют демонстрационный эффект и изменяют корпоративную культуру изнутри. Такие пилотные проекты могли бы содействовать созданию центров передовых технологий – профессиональных драйверов перемен, которые оказывают положительное побочное воздействие на всю организацию. Пилотные проекты могли бы включать разработку инновационных проектов, в рамках которых проводится обмен знаниями и оказание технической помощи аналогичными структурами, являющимися

Сокращения

ACP	Члены партнерства по борьбе с изменением климата в Азии
CDC	Caisse des Dépôts et Consignations
CDP	Casa de Depositi e Prestiti
CEO/ГД	Главный исполнительный директор
ERR	Ставка доходности для экономики страны
FX	Иностранная валюта
GIIN	Глобальная сеть импакт-инвесторов
IRR	Внутренняя ставка доходности
ISIF	Ирландский стратегический инвестиционный фонд
KASE	Казахстанская фондовая биржа
KPPF	ТОО «Kazakhstan Project Preparation Fund»
KZT	Казахстанский тенге
KKM	АО «Казына Капитал Менеджмент»
POCI	Приобретенные или созданные кредитно-обесцененные
RUB	Российский рубль
USD	Доллар США
АБР	Азиатский банк развития
АКК	АО «Аграрная кредитная корпорация»
АО	Акционерное общество
АРРФР	Агентство по регулированию и развитию финансового рынка
АСПИР	Агентство по стратегическому планированию и реформам
БВУ	Банк второго уровня
БРК	Банк Развития Казахстана
ВАП	Высшая аудиторская палата
ВБ	Всемирный банк
ВВП	Валовой внутренний продукт
ВДС	Валовая добавленная стоимость
ВР	Высшее руководство
ГКП	Группа по коммерциализации и приватизации
ГП	Государственные предприятия
ГФИ	Государственные финансовые институты
ГСФ	Группа стратегического финансирования

ГФЭЭВЭ	Глобальный фонд энергоэффективности и возобновляемой энергии
ГЧП	Государственно-частное партнерство
ДВМОР	Динамическая вычислимая модель общего равновесия
ДОФ	Доходность основных фондов
ДСК	Доходность собственного капитала
ДУР	Директор по управлению рисками
ЕИБ	Европейский инвестиционный банк
ЕС	Европейский союз
ИТ	Информационные технологии
КЖК	АО «Казахстанская жилищная компания»
КИ	Конфликт интересов
КО	Катастрофные облигации
КПЭ	Ключевые показатели эффективности
КСФ	АО «Корпорация стратегического финансирования»
КУ	Корпоративное управление
КУСФА	Корпорация по управлению субсидиями / фискальный агент
КЭБ	Комплексная экспертиза благонадежности
МВт	Мегаватт
МВт·ч	Мегаватт-час
МИО	Местные исполнительные органы
МИУВ	Методология измерения и управления воздействием
ММСП	Микро-, малые и средние предприятия
МНЭ	Министерство национальной экономики
МОВ	Механизм оценки воздействия
МСП	Малые и средние предприятия
МСХ	Министерство сельского хозяйства
МУССД	Механизм управления среднесрочным долгом
МФ	Министерство финансов
МФИ	Международный финансовый институт
МФК	Международная финансовая корпорация
МФО	Микрофинансовая организация
НБ РК	Национальный банк Республики Казахстан
НУХ	Национальный управляющий холдинг
ОНУВ	Определяемый на национальном уровне вклад
ОПР	Официальная помощь в целях развития
ОРС	Обусловленное размещение средств
ОЭСР	Организация экономического сотрудничества и развития
ПГ	Парниковые газы
ПИИ	Прямые иностранные инвестиции
ПОД/ФТ	Противодействие отмыванию денег / финансированию терроризма
ПСГ	Предприятие в собственности государства
ПФТ	Противодействие финансированию терроризма
РК	Республика Казахстан
СД	Совет директоров
СПС	Субсидирование процентной ставки
ССПР	Среднесрочный прогноз расходов
ССЭУ	Система социально-экологического управления

ТОО	Товарищество с ограниченной ответственностью
ФГЖС	АО «Фонд гарантирования жилищного строительства»
ФИР	Финансовый институт развития
ФКР	Финансовая корпорация развития
Фонд «ДАМУ»	Фонд развития предпринимательства
ЦУР	Цели устойчивого развития
ЧГЗ	Частичное гарантирование займов
ЭСУ/ESG	Экологический, социальный и управленческий

€	евро
R$	реальный
Rub	рубль
T	тенге
US$	американский доллар

Краткий обзор

Холдинг «Байтерек», государственная холдинговая компания, которая контролирует финансовые институты развития (ФИР) в Казахстане, превратился в значимый инструмент финансовой поддержки Правительства, который оказывает непосредственное влияние на финансирование национальной экономики и функционирование финансовых рынков. На момент создания в 2013 году общая доля консолидированных активов холдинга «Байтерек» составляла 5,6 процента валового внутреннего продукта (ВВП), а в 2022 году она выросла примерно до 12 процентов. Холдинг «Байтерек» играет двойную роль (ФИР и фискального агента), т.е. выступает в качестве посредника в предоставлении государственных бюджетных средств для субсидирования финансовых услуг и финансирования облигаций субнациональных организаций. Посредничество холдинга «Байтерек» в предоставлении субсидий, ежегодно выделяемых из государственного бюджета, могло бы добавить еще пару процентных пунктов к ВВП, если они будут учтены должным образом. Холдинг «Байтерек» доминирует и определяет развитие нескольких сегментов финансового рынка. Например, дочерняя организация холдинга «Байтерек» АО «КазАгроФинанс» является практически единственным провайдером сельскохозяйственного лизинга в Казахстане. Через другую дочернюю организацию, Фонд развития предпринимательства (фонд «ДАМУ»), холдинг «Байтерек» оказывает влияние на 40–50 процентов общего объема кредитования банками малых и средних предприятий (МСП) в Казахстане. Кроме того, АО «Отбасы банк» является ведущим провайдером (субсидируемых) розничных ипотечных кредитов в Казахстане. Несмотря на огромные размеры холдинг «Байтерек» явно не фигурирует в национальных стратегиях или стратегиях финансового сектора. В результате, его цели, ключевые показатели эффективности (КПЭ) и целевые показатели приходится согласовывать в ходе сложного и длительного процесса, что снижает эффективность, прозрачность и подотчетность его операций.

По сравнению с имеющимся потенциалом холдинг «Байтерек» не оказывает в полной мере реальное воздействие на конечных бенефициаров, создание эффективных финансовых рынков и мобилизацию частного капитала. Холдинг «Байтерек» стремится оказывать положительное воздействие на конечных бенефициаров (микро-, малые и средние предприятия (ММСП) и домохозяйства), помогая бенефициарам увеличивать продажи и создавать рабочие места. Однако методология, используемая холдингом «Байтерек» для измерения воздействия, недостаточно эффективна, поскольку у нее отсутствует достоверная атрибуция (в частности, она не учитывает альтернативные сценарии), и она допускает двойной или тройной подсчет «воздействия». Например, если АО «Аграрная кредитная корпорация» (АКК) субсидирует процентную ставку по кредиту, предоставляемому предприятию агробизнеса, а это предприятие агробизнеса одновременно получает кредитную гарантию от фонда «ДАМУ», то как АКК, так и фонд «ДАМУ» припишут себе заслугу за увеличение числа рабочих мест в агробизнесе. При этом ни одна из дочерних организаций не будет учитывать средние темны роста агробизнеса в Казахстане или в сопоставимом регионе. Также ни АКК, ни фонд «ДАМУ» не корректируют свою оценку воздействия на размер соответствующей доли их нерыночной поддержки (или даже просто не разделят оценку на два). Таким образом, заявленное воздействие холдинга «Байтерек» не является достоверным в глазах многих заинтересованных сторон. Кроме того, холдинг «Байтерек» не в полной мере учитывает свое воздействие на развитие финансового рынка; он часто вытесняет частный капитал из сектора предоставления финансовых услуг конечным пользователям, например, из сектора ипотечного кредитования или сельскохозяйственного лизинга. Холдинг «Байтерек» также может вызывать искажения на финансовых рынках в результате предоставления большого объема нецелевых субсидий; такие субсидии могли способствовать стагнации на рынке кредитования ММСП в последние 10 лет. И, наконец, хотя холдинг «Байтерек» и смог разместить облигации на местных и глобальных рынках и привлечь финансирование нескольких глобальных институциональных инвесторов, до сих пор он не привлек частных прямых инвесторов в различные направления бизнеса, что ограничивает его возможности по получению выгод от взаимодополняемости в подотчетности и ответственного управления. Единственным исключением являются фонды, спонсируемые Qazaqstan Investment Corporation (QIC)[1], дочерней организацией холдинга «Байтерек», которая специализируется на рынках акционерного/венчурного капитала; однако во внутреннем сегменте этого рынка успехи не отмечаются.

Можно было бы подчеркнуть значение финансирования климатически и экологически значимой деятельности в стратегии воздействия холдинга «Байтерек», направленной на то, чтобы помочь экономике и финансовым рынкам решить задачи по переходу к «зеленой» экономике и по адаптации к изменению климата. В настоящее время в стратегии и механизмах воздействия холдинга «Байтерек» не уделяется достаточное внимание экологически эффективным формам снижения последствий и адаптации к изменению климата на уровне бенефициаров (фирмы и домохозяйства) или на уровне углубления финансового рынка. Несмотря на то, что «зеленая» экономика является абсолютно новым направлением приложения усилий сектора ФИР, холдинг «Байтерек» мог бы стать одним из ведущих учреждений в этой области в мировом масштабе. Следует отдать должное холдингу «Байтерек» за его усилия в экологической, социальной и управленческой (ЭСУ) сферах, но даже если они будут завершены, необходимо учитывать тот факт, что используемые ЭСУ подходы обычно не обеспечивают то, что требуется ФИР для инвестирования в реальную экологизацию (более подробная информация о воздействии, капитале, рисках и управлении приводится ниже). Следующим шагом для холдинга «Байтерек» могла бы стать достоверно подтвержденная экологизация своих основных направлений деятельности на пилотной основе (например, финансирование крупных проектов, предоставление кредитных гарантий, лизинг или поддержка создания фондов прямых инвестиций), до того, как будет разработан комплексный подход к внедрению системы «зеленого» воздействия. Кроме того, хотя страхование экспорта и сельскохозяйственное страхование широко признаны и приветствуются, холдинг «Байтерек» мог бы также включить развитие сектора частного страхования от стихийных бедствий в Казахстане в перечень своих отраслевых интервенций; этот шаг мог бы помочь в финансировании адаптации и обеспечении устойчивости к изменению климата. Дополнительные поэтапные мероприятия, необходимые для поддержки финансирования управления рисками, связанными с климатическими катастрофами, могли бы включать поддержку создания национального перестраховочного пула и продвижение выпуска катастрофных облигаций в Казахстане.

Двойная роль холдинга «Байтерек» (как ФИР, так и фискального агента) создает многочисленные проблемы в управлении холдинговой компанией в отношении достижения реального среднесрочного воздействия. Функция ФИР холдинга «Байтерек» и его дочерних организаций отражается в консолидированном балансе. Она включает в основном предоставление финансовых ресурсов в виде акционерного или долгового финансирования конечным бенефициарам через (частные) финансовые учреждения, участвующие в программах холдинга «Байтерек», включая структуры «фонда фондов», спонсируемые QIC, действующим в качестве партнера в государственно-частных фондах прямых инвестиций. В балансе холдинга «Байтерек» также отражена одна из функций фискального агента: покупка облигаций местных исполнительных органов (МИО). Это может отражать и представлять попытки компенсировать недостатки системы субнациональных/муниципальных финансов.[2] Особое значение имеет тот факт, что при участии холдинга «Байтерек» ежегодно предоставляется значительный объем субсидий на цели повышения доступа к финансовым услугам; эта деятельность финансируется из государственного бюджета. КПЭ и целевые показатели для этих субсидий согласовываются отдельными министерствами (за рамками того, что можно было бы обозначить как среднесрочное воздействие, относящееся к функции холдинга «Байтерек» как ФИР) на основе их (предполагаемого) права собственности на финансирование и ожидаемых результатов. Эти согласования являются сложными и продолжительными. Например, процесс определения КПЭ в соответствии с обязательствами по бюджетному финансированию 2019 года начался в ноябре 2019 года и завершился в ноябре 2021 года. Это означает, что холдинг «Байтерек» фактически работал без механизма КПЭ и целевых показателей в течение всего этого периода. Кроме того, министерства иногда резервируют средства на согласованные программы субсидирования и свои целевые показатели КПЭ, а потом не выделяют финансирование в полном объеме, при этом все же требуют, чтобы холдинг «Байтерек» выполнил свою часть договоренностей. В целом, роль фискального агента и посредничество в выделении ежегодных бюджетных субсидий подвергают холдинг «Байтерек» искажающему политическому воздействию, снижают его политическую независимость при выполнении функций ФИР, необходимую в соответствии с передовой международной практикой, и ослабляют его потенциал эффективного функционирования в качестве ФИР (конгломерата).

Конкурируя напрямую на финансовых рынках на преимущественных условиях, холдинг «Байтерек» может создавать искажения и вытеснять частный капитал, препятствуя его выходу на рынки и расширению предоставления некоторых финансовых услуг. Также остается важным вопрос относительно структуры холдинга «Байтерек», в частности в отношении сочетания операций Уровня 1 (оптовое финансирование) и Уровня 2 (прямое участие в работе рынка). В настоящее время на прямое предоставление кредитов АО «Отбасы банк» и АКК (и его дочерней организацией АО «КазАгроФинанс») совместно с приобретенным (национализированным) АО «Bereke Bank» (бывшим Сбербанком Казахстана) может приходиться от трети до половины операций холдинга «Байтерек». Рынок сигнализирует о том, что АО «Отбасы банк» вытесняет банки из сферы ипотечного кредитования платежеспособных клиентов и что АО «КазАгроФинанс» монополизировало сельскохозяйственный лизинг в стране, а фонды прямых инвестиций, контролируемые QIC (в качестве собственника или генерального партнера), не оказали существенной помощи в развитии местного сектора прямых инвестиций/венчурного капитала. Нет никаких экономических оснований для того, чтобы холдинг «Байтерек» сохранял прямое присутствие и конкурировал на коммерческих рынках с частными финансовыми организациями. Скорее, холдинг «Байтерек» мог бы войти в сегменты или ниши с надежно выявленной рыночной неэффективностью и помочь частному рынку расти в этих нишах (в том числе за счет распределения рисков при проведении транзакций), а затем выйти, основываясь на предварительно согласованных положениях об истечении срока действия. Деятельность «Байтерека» воспринимается многими заинтересованными сторонами как подход «государство навсегда», который не помогает производительному росту экономики и не способствует эффективности и подотчетности в расходовании бюджетных ресурсов.

Текущая структура управления холдинга «Байтерек», по-видимому, не способствует защите принятия инвестиционных решений, комплексного управления рисками и ответственности за достижение результатов развития, от политического воздействия. Совет директоров холдинга «Байтерек» является в основном политическим и возглавляется Премьер-Министром.[3] Такой подход может быть неоптимальным согласно руководству Организации экономического сотрудничества и развития (ОЭСР) по составу и независимости совета директоров предприятий в собственности государства (ПСГ). Совет директоров мог бы служить инструментом для эффективного осуществления функций собственника и обеспечения скоординированного стратегического руководства от имени правительства. Однако для того, чтобы эта модель заработала, правление холдинга «Байтерек», советы директоров и правления дочерних организаций должны быть полностью политически независимыми, а в настоящее время это не так. В качестве альтернативы холдинг «Байтерек» мог бы принять управленческую модель, недавно внедренную АО «Самрук-Казына» (холдинговой компанией ПСГ в Казахстане), которая обеспечивает политическую независимость совета директоров. Либо можно было бы рассмотреть модель, обеспечивающую еще большую независимость. В настоящее время решения по крупным проектам и программам дочерних организаций, а также по андеррайтингу кредитных рисков должным образом не защищены от возможного политического влияния; это является одним из наиболее актуальных вопросов для решения в сфере управления, особенно для Банка развития Казахстана (БРК). Функция независимого корпоративного аудита, осуществляемая во всей холдинговой компании и ее дочерних организациях, с прямым подчинением совету директоров до сих пор не определена. Комитеты советов директоров по воздействию на уровне холдинговой компании и ее дочерних организаций в настоящее время отсутствуют, но в случае их создания они могли бы способствовать усилению фокуса на оказание реального среднесрочного воздействия. Функция директора по управлению рисками (ДУР), включая прямое подчинение по вопросам комплексного управления рисками правлениям и советам директоров, могла бы быть полезной, отчасти обеспечивая управление рисками, связанными со справедливым переходом, и рисками вытеснения. Основной механизм подотчетности, который действует через функцию собственника, осуществляемую Управлением Министерства национальной экономики (МНЭ) и парламентским комитетом по финансам и экономике совместно с Высшей аудиторской палатой (ВАП), представляется неэффективным в части ориентированности на среднесрочное воздействие. Таким образом, общая системы сдержек и противовесов однозначно не стимулирует холдинг «Байтерек» к оказанию реального воздействия посредством оказания финансовых услуг через частные рынки и с целью принятия максимальной финансовой ответственности.

Оценки и рекомендации, предоставленные в данном отчете, могут быть представлены в виде комплексного подхода, учитывающего аспекты воздействия, капитала, рисков и управления (Рисунок О.1). Воздействие охватывает среднесрочные конечные результаты - в отличие от прямых результатов (предоставленных займов) - на уровне конечных бенефициаров (фирмы, домохозяйства) и финансовых рынков, с которыми взаимодействует холдинг «Байтерек» и с которыми он разделяет риски с целью развития рынка. Соображения в отношении капитала включают мобилизацию частного капитала для софинансирования операций холдинга «Байтерек» в целях воздействия на развитие, а также для защиты капитала, доверенного правительством и частными рынками, от чрезмерных (неожиданных) финансовых потерь. Соображения в отношении капитала также предусматривают в целом бережливый подход к использованию финансовых ресурсов, включая субсидирование процентных ставок. Соображения в отношении рисков включают управление финансовыми рисками в соответствии с международными стандартами для финансовых конгломератов, различными корпоративными рисками и (что особенно важно для ФИР) рисками, связанными с оказанием воздействия, такими как риски справедливого перехода или риски вытеснения на рынках или на местах.[4] Управление включает многочисленные аспекты; некоторыми наиболее важными для холдинга «Байтерек» являются политическая независимость в принятии решений о финансировании проектов и программ, соответствующий диапазон и разнообразие

РИСУНОК О.1

Структура отчета: воздействие, капитал, риск, управление

Источник: Всемирный банк.

профессиональных навыков членов советов директоров и правлений, которые обеспечивают выполнение ими своих обязанностей, а также механизм подотчетности, ориентированный на воздействие, которое может создавать реальные вызовы для советов директоров и правлений при реализации ими своих полномочий. Компоненты комплексного подхода рассматривается в следующих подразделах.

ВОЗДЕЙСТВИЕ

Стратегия реального воздействия строится на достижении реальных результатов не только на уровне конечных бенефициаров, но и на уровне финансовых рынков, развитие которых холдинг «Байтерек» должен поддерживать. Стратегия воздействия может быть изложена в отдельном документе или являться частью общей стратегии холдинга «Байтерек», охватывающих период от четырех до пяти лет. В течение этого периода комитеты по воздействию как совета директоров холдинга «Байтерек», так и советов директоров дочерних предприятий будут руководить, проводить мониторинг и оценивать результативность воздействия, используя свои профессиональные навыки и опыт управления воздействием на развитие. Стратегия воздействия (и в более широком смысле полномочия и функция реализации политики холдинга «Байтерек») должна быть согласована с национальной стратегией развития и стратегией развития финансовых рынков.[5] В документе должны быть указаны цели, КПЭ и их целевые показатели, которые должны быть достигнуты к концу четырех-пятилетнего периода на уровне как бенефициаров, так и финансовых рынков. Например, для бенефициаров в сфере предпринимательства КПЭ могут включать увеличение добавленной стоимости или создание рабочих мест, а также сокращение выбросов парниковых газов (ПГ). Для крупных инфраструктурных проектов КПЭ воздействия могут включать более широкие экономические выгоды, связанные с созданием рабочих мест на местном уровне, увеличением добавленной стоимости на одного работника (производительности) и сокращением выбросов ПГ или независимо сертифицированным повышением устойчивости инфраструктуры. В отношении финансирования жилищного строительства, КПЭ могут включать доступ к благоустроенному жилью с сертифицированной энергоэффективностью и устойчивостью на приемлемых финансовых условиях (которые измеряются при помощи соотношения между средствами, затрачиваемыми на обслуживание долга, и доходами). В отношении воздействия на создание финансовых рынков, холдинг «Байтерек» и фонд «ДАМУ» могли бы, например, направить усилия на обеспечение устойчивого роста финансирования ММСП как доли общего кредитования организациями, участвующими в их программах, а также банковского и небанковского кредитования в целом (рисунок О.2). Другой целью могло бы стать расширение ипотечного кредитования участвующими финансовыми учреждениями, которые обеспечивают доступ к энергоэффективному и надежному жилью для всех платежеспособных заемщиков (рисунок О.3).[6] Еще одна цель может заключаться в том, чтобы обеспечить рост финансирования инфраструктуры за счет поддержки синдицированных проектов и(или) привлечения офшорных инвесторов, а также за счет использования регулятивных вспомогательных факторов, подкрепленных гарантиями, если это применимо. Следуя некоторым примерам международной передовой практики, таким как те, которые предоставляются Глобальным фондом энергоэффективности и возобновляемой энергии (ГФЭЭВЭ), холдинг «Байтерек» или его отдельные дочерние организации могли бы принять целевые показатели для мультипликаторов частного капитала.

Управление в целях достижения реального воздействия должно включать четыре аспекта: вклад, атрибуцию, измерение и верификацию. Холдинг «Байтерек» и его дочерние организации должны четко информировать о том, как их различные мероприятия/продукты способствуют положительному воздействию (теория изменений), например, как программа гарантирования кредитов для МСП фонда «ДАМУ» может улучшить доступ МСП к финансированию на частном рынке. Кроме того, холдингу «Байтерек» необходима методология измерений, которая бы точно приписывала достигнутые результаты различным продуктам или инструментам контроля за другими факторами, таким как одновременное открытие экспортных рынков, которые расширяют доступ МСП к финансированию цепочки поставок. В целях мониторинга в качестве практического подхода можно было бы использовать альтернативные сценарии аналогичных групп и их тенденции. Тщательная оценка постфактум воздействия интервенций холдинга «Байтерек» могла бы включать квазиэкспериментальные подходы (такие как метод сравнения разностей) или метод комплексного контроля (с использованием регрессионного набора для учета искажающих факторов или возможной ошибки при отборе). Сторонняя верификация мониторинга и оценки является важнейшим аспектом для определения реальности воздействия. Верификация мер воздействия, подлежащих мониторингу, может подвергаться аудиту и раскрываться ежегодно независимыми аудиторами, компаниями по определению кредитных рейтингов или специализированными лицензированными компаниями. Такие каналы верификации рынков лучше финансировать независимо, например, за счет гонораров от конечных бенефициаров или участвующих финансовых учреждений, выплачиваемых в фонд верификации. Оценки необходимо организовывать и проводить независимо от холдинга «Байтерек». Один из подходов, предлагаемых в отчете, заключается в том, чтобы Высшая аудиторская палата (ВАП) или Агентство по стратегическому

РИСУНОК О.2

Вклад холдинга «Байтерек» в общее кредитование МСП

Источники: Акционерное общество «Национальный управляющий холдинг «Байтерек»; Агентство по регулированию и развитию финансового рынка

Примечание: МСП = малые и средние предприятия; Помимо холдинга «Байтерек» – кредиты, выданные МСП банками, не аффилированными с холдингом «Байтерек». Данные за 2022 год рассчитываются.

РИСУНОК О.3

Доля АО «Отбасы банк» в ипотечном кредитовании

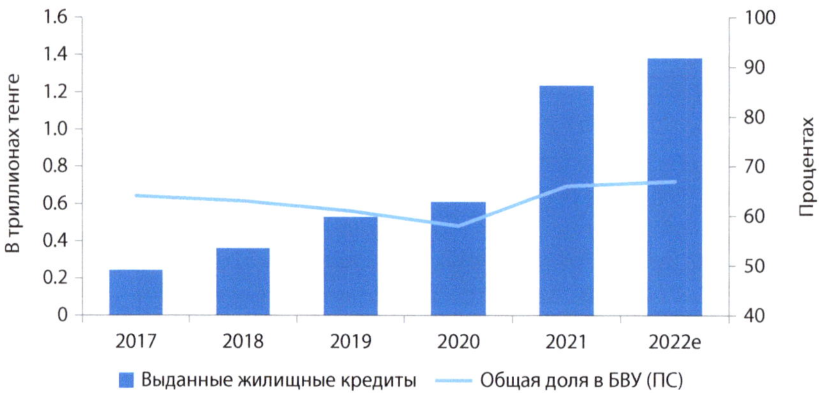

Источники: Акционерное общество «Национальный управляющий холдинг «Байтерек»; АО «Отбасы банк»; Агентство по регулированию и развитию финансового рынка
Примечание: БВУ = банки второго уровня. Данные за 2022 год рассчитываются.

планированию и реформам (АСПИР) поручили оценку авторитетному международному университету или аналитическому центру.

Принятие инвестиционных решений и отбор проектов являются еще одной управленческой задачей, которую необходимо выполнять тщательно и с использованием анализа затрат и выгод, с тем чтобы учесть целевые более широкие экономические выгоды. (Элиассон и Лундберг, 2012 год, Флорио, Морретта и Вилак (2018 год), Мишан и Ква, 2020 год). На основе установленного вклада холдинга «Байтерек» в достижение своих целей, холдингу «Байтерек» необходима методология отбора крупных проектов и программ, включая систему маркировки показателей для отбора небольших проектов, которые реализуются в рамках крупных программ. Улучшенная методология отбора также должна применяться к совместному финансированию крупных проектов и программ, включая финансирование посредством выпуска зеленых облигаций и направления средств от их размещения на финансирование инвестиций, оказывающих экологическое воздействие. В частности, на основе механизма воздействия холдинг «Байтерек» мог бы определить механизм анализа затрат и выгод, который позволит определять затраты и выгоды, а также устанавливать сроки, в течение которых будет осуществляться управление воздействием. Кроме того, можно было бы оценить в денежном выражении более широкие экономические выгоды и издержки интервенций холдинга «Байтерек» по сравнению со статус-кво. То есть, холдинг «Байтерек» мог бы определять стоимость созданного рабочего места или использовать принятые ориентиры для цены углерода, [7] поскольку для добавленной стоимости можно было бы использовать денежный эквивалент. Затем для расчета чистой приведенной стоимости чистых выгод и ставки доходности для экономики страны (ERR) применяются соответствующие коэффициенты дисконтирования. В случае нескольких КПЭ следует выбрать либо самое высокое значение ставки ERR среди КПЭ, либо суммировать ERR с учетом компромиссов и синергии (положительные и отрицательные ковариации среди ожидаемых значений КПЭ).[8] Определение максимальных значений ERR производится с учетом минимальной внутренней ставки доходности (IRR) («уровень безубыточности») и либо представляется в абсолютном выражении, либо связывается с доходностью государственных облигаций. Небольшие проекты в рамках крупной программы, которые прошли проверку на безубыточность и обеспечивают получение достаточно высокой ERR, могут быть проверены при помощи системы маркировки показателей для отбора, разработанной в рамках программы; этот шаг позволит при отборе каждого проекта соблюсти принципы программы в отношении генерирования ERR. На Рисунке О.4 представлены входные данные, методологии измерения и показатели на этапах отбора, мониторинга и оценки инвестиций.

Изучение опыта интервенций и корректировка подходов и политики являются неотъемлемой частью успешного оказания воздействия. Знания и уроки, полученные в результате мониторинга, оценки воздействия, и целостное управление рисками могут постоянно использоваться для обоснования эволюционирующих подходов и разработки вспомогательных мероприятий холдинга «Байтерек», включая их начало и поэтапное завершение. Своевременные действия холдинга «Байтерек» по корректировке технических проектов и предоставлению инструментов финансовой поддержки являются целесообразными, а прошлые ошибки не должны восприниматься как неудачи, если они были исправлены, а первоначальные технические проекты были хорошо продуманы. Принятие осознанных рисков и экспериментирование (при разработке новых пилотных проектов или оценке, корректировке, масштабировании или поэтапном прекращении различных видов финансовой поддержки) необходимы для надлежащей калибровки механизмов финансовой поддержки с учетом уникального контекста, деловой культуры и потребностей финансового рынка Казахстана. Комитеты по воздействию холдинга «Байтерек» и дочерних организаций будут способствовать обмену информацией, данными и знаниями по разработке и оказанию поддержки по вопросам воздействия в многогранном контексте Казахстана. Они будут стимулировать и вознаграждать обоснованные эксперименты и обмениваться опытом по вопросам воздействия на инструменты, дочерние организации, сектора экономики, виды бенефициаров и сегменты финансовых рынков. Они могли бы документировать свои соображения, обсуждения и решения (насколько это

РИСУНОК О.4

Входные данные, методологии измерения и показатели на этапах отбора, мониторинга и оценки инвестиций

Источник: Всемирный банк.
Примечание: ERR = ставка доходности для экономики страны; IRR = внутренняя ставка доходности; КПЭ = Ключевой показатель эффективности.

позволяют договоренности по соблюдению конфиденциальности и управлению), а также рассматривать возможность обмена ими публично и в рамках обмена знаниями по линии Юг-Юг.

КАПИТАЛ

Привлечение большего объема частного капитала для финансирования холдинга «Байтерек», в том числе на уровне инвестиционных транзакций, не только обеспечит поддержку реализации программы стоимостью от миллиардов до триллионов тенге, но также повысит эффективность воздействия и улучшит управление рисками. Если холдинг «Байтерек» окажет реальное воздействие, то частные инвесторы, ориентированные на цели по достижению двойного результата, могут пожелать приобрести доли в уставном капитале холдинга «Байтерек». Частные инвестиции будут способствовать дальнейшему совершенствованию корпоративного управления и повышению подотчетности, помогая холдингу «Байтерек» масштабировать свое воздействие, особенно в области экологизации казахстанской экономики, где масштабные мероприятия крайне необходимы. Положительное влияние частных долей в уставном капитале на управление холдингом «Байтерек» могло бы быть значительным и помочь упорядочить дивестирование в случае, если холдинг «Байтерек» отклонится от принципов своего механизма воздействия или защитных мер. Международные инвесторы с крупными долями в уставном капитале могли бы обеспечить взаимодополняемость в вопросах подотчетности через договорные обязательства, мониторинг и реальную угрозу дивестирования в случае нарушения договорных обязательств. Кроме того, активные прямые инвесторы могли бы осуществлять эффективное ответственное управление, в том числе на уровне дочерних организаций, и особенно если такое участие приведет к приватизации дочерней организации холдинга «Байтерек», непосредственно конкурирующей на рынках (на Уровне 2). Холдинг «Байтерек» осваивает местные и международные рынки облигаций в целях своего финансирования, но информацию о держателях его долговых ценных бумаг холдинг «Байтерек» предоставляет неохотно, в результате чего наблюдателям и другим инвесторам трудно понять структуру пула кредиторов или отличить финансирование, полученное от истинных частных инвесторов, а также проводить их мониторинг в соответствии с договорными обязательствами. На начало 2023 года доли частных инвесторов в акционерном капитале остаются равными нулю.

Функцию холдинга «Байтерек» как посредника в субсидировании необходимо изолировать, упорядочивать и сокращать. Общая сумма субсидий, предоставляемых при посредничестве холдинга «Байтерек», представляется чрезмерной, а ее влияние на финансовые рынки контрпродуктивным вследствие искажения стимулов для участников рынка в результате субсидирования. Во многих случаях субсидии не являются одноразовыми (или двухразовыми) активаторами, обеспечивающими лучший доступ к финансированию, а скорее похожи на социальную помощь, которую целесообразнее оказывать по каналам социальной помощи, чем через ФИР. Ежегодные переговоры между холдингом «Байтерек» и отраслевыми министерствами по субсидиям, их КПЭ и целевым показателям подвергают холдинг «Байтерек» повышенному политическому давлению и потрясениям, особенно если после назначения субсидий они не будут выделены из бюджета в полном объеме. Уменьшенные объемы субсидий, предназначенные для придания импульса рынкам (предоставление кредитов фирмам для зеленых инвестиций или доступа к финансированию для заемщиков, обращающихся за кредитами впервые и не имеющих кредитной истории), могли бы предсказуемо управляться и поэтапно отменяться через среднесрочный прогноз расходов (ССПР) правительства. Однако сокращения и упорядочения субсидий недостаточно для того, чтобы частные инвесторы могли приобрести долю в дочерних компаниях холдинга «Байтерек», представляющих для них интерес. Инвестиционно привлекательные дочерние организации должны быть изолированы от посреднических функций субсидирования, потому что инвесторы не желают принимать политические обязательства и подвергаться возможным негативным потрясениям, которые связаны с посредничеством в субсидировании. Более консолидированная дочерняя структура могла бы помочь холдингу «Байтерек» мобилизовать и защитить капитал на уровне дочерних организаций, согласуя различные предпочтения частного капитала и диверсифицируя риски отдельных направлений деятельности за счет их объединения в приемлемый пул. Предлагаемый подход к такой изоляции субсидирования рассматривается далее при обсуждении вопросов управления.

Условные бюджетные обязательства, связанные с возможной недостаточной капитализацией холдинга «Байтерек» в результате потрясений, можно более явно регулировать через связь с механизмом управления среднесрочным долгом. Каждая квазифискальная организация (включая финансовые ПСГ), которая использует заемные средства, может стать причиной возникновения условных бюджетных обязательств центрального правительства. (Бова и др., 2016 год; Бевер, 2017 год; Леви-Еяти, Микко и Паница, 2004 год; Мелецкий, 2021 год). Холдинг «Байтерек» не является исключением. В 2022 году его кредитное плечо (отношение заемных средств к собственным) составляло 5 к 1. Учет условных бюджетных обязательств в связи с возможной недостаточной капитализацией после различных потрясений является таким же актуальным, как если бы холдинг «Байтерек» или его дочерние организации находились под пруденциальным надзором, как это и рекомендуется. Такой учет, среди прочего, обеспечивает условия конкурентного нейтралитета по отношению к другим финансовым организациям посредством своевременной рекапитализации, которая контролируется финансовым регулятором. Возможными финансовыми условными обязательствами можно было бы управлять за счет условных финансовых резервов, объединенных в квазифискальном секторе (в том числе за счет резервов фонда национального благосостояния), сочетая их с достаточным пространством для выпуска условных долговых обязательств или гибкой дивидендной политикой, включая для начала возможное сокращение щедрых дивидендных выплат правительству (что имеет место в настоящее время). Чтобы помочь определить объем возможных условных финансовых обязательств (и отчетность по бюджету), холдинг «Байтерек» мог бы более прозрачно раскрывать потоки бюджетных средств по целям (субсидии, циклическое или чрезвычайное финансирование программ, приобретение облигаций субнациональных организаций и т.д.), а также любую согласованную политику по взаимному зачету обязательств или счетов прибылей и убытков между холдингом «Байтерек» и правительством.

Приватизация или национализация также могут создавать условные обязательства и требуют более прозрачных механизмов принятия решений, определения сроков и ценообразования, чтобы подавать сигналы рынкам, среди прочих причин. Поскольку некоторые дочерние организации или направления деятельности холдинга «Байтерек» рано или поздно могут быть приватизированы (например, национализированное АО «Bereke Bank» в приоритетном порядке), финансовые условные обязательства по приватизационным контрактам (на выход) должны быть отражены достаточно рано в механизме управления среднесрочным долгом. Это связано с тем, что приватизационные контракты могут включать различные явные или подразумеваемые гарантии, которые приобретающий инвестор может согласовать, а также с тем, что заинтересованность правительства в сохранении успешности приватизированного финансового ПСГ может привести к необходимости в дальнейшем удовлетворении его потребностей в течение долгого времени после закрытия приватизационной сделки.[9] Кроме того, национализация и приобретение таких организаций, как АО «Bereke Bank», потенциально могут выявить пробелы в определении цены на этапе приватизации (выхода) из-за назначения слишком оптимистичной цены приобретения. Следует разработать политику управления условными обязательствами, в том числе уточнить, будет ли холдинг «Байтерек» или правительство (финансовая сторона) отвечать по таким условным обязательствам. Информация о сделках по поглощению и приватизации должна надлежащим образом раскрываться в том, что касается решений, сроков и цен, а рынки (в частности, нынешние кредиторы и потенциальные акционеры холдинга «Байтерек» и его дочерних организаций) необходимо надлежащим образом проинформировать.

РИСКИ

Управление финансовыми и более широкими корпоративными рисками является настоятельной необходимостью для финансовых учреждений, таких как холдинг «Байтерек» и его дочерние организации. Холдинговая компания уже сосредоточила свое внимание на управлении различными финансовыми рисками в соответствии с лучшими международными стандартами, но в отношении концентрированных рисков андеррайтинга имеются некоторые потенциальные слабые стороны. Например, БРК проводит андеррайтинг крупных проектов, и в конечном итоге полномочия по андеррайтингу для крупных кредитных позиций принадлежат совету директоров БРК и, соответственно, совету директоров холдинга «Байтерек», состав которого в основном является политическим. Этот механизм создает риск того, что решения по андеррайтингу могут быть политизированы и должным образом не учитывать финансовые риски и доходность или воздействие (цели по достижению двойного результата), за оказание которого отвечает БРК. Таким образом, БРК мог бы создать значительные риски для своего и (консолидированного) баланса холдинга «Байтерек». Например, на долю крупных кредитных позиций БРК приходилось более 20 процентов от общего объема кредитования холдинга «Байтерек» в 2021 году (О.5). Еще одним примером может служить покупка АО «Казахстанская жилищная компания» (КЖК) большого пакета облигаций местных исполнительных органов в контексте слабой субнациональной/муниципальной финансовой системы. Чистые открытые позиции в иностранной валюте нескольких дочерних организаций (О.6) также влияют на профиль риска холдинга «Байтерек». Более широкий корпоративный риск для холдинга «Байтерек» в отношении процедур управления и развития включает операционный риск, риск, связанный с противодействием отмыванию денег / финансированию терроризма (ПОД/ФТ) (в том числе для текущих и будущих кредиторов и потенциальных инвесторов), физический риск для непрерывности деятельности, вытекающий из природных и отраслевых рисков, и риск, связанный с (чрезмерным) экологическим следом холдинга «Байтерек», который может впоследствии создать репутационный риск.

РИСУНОК О.5

Крупные кредитные позиции БРК как доля общего объема кредитования холдинга «Байтерек» (на конец 2021 года)

Как доля общего объема кредитов холдинга «Байтерек» (в процентах на конец 2021 года)

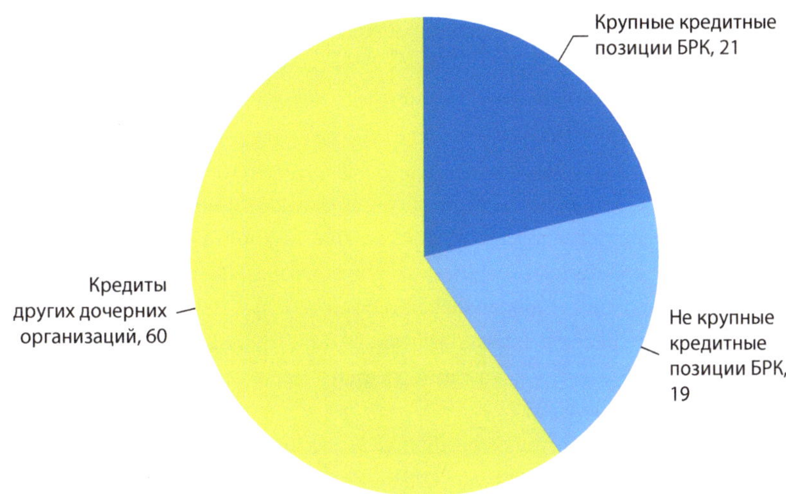

Источники: Акционерное общество «Национальный управляющий холдинг «Байтерек»; Агентство по регулированию и развитию финансового рынка; Национальный банк Казахстана.
Примечание: БРК = Банк развития Казахстана. Крупные кредитные позиции БРК включают кредиты, предоставленные восьми компаниям на сумму более 2,3 миллиарда долларов США по состоянию на декабрь 2021 года.

РИСУНОК О.6

Чистые открытые позиции в иностранной валюте отдельных дочерних организаций холдинга «Байтерек» (на конец 2021 года)

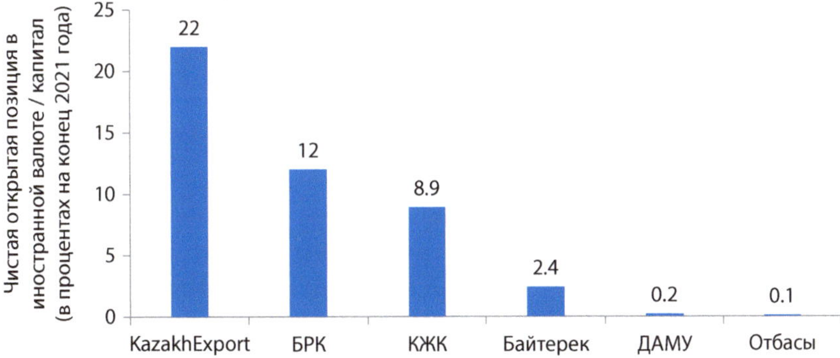

Источник: Акционерное общество «Национальный управляющий холдинг «Байтерек».
Примечание: Фонд «ДАМУ» = Фонд развития предпринимательства; БРК = Банк развития Казахстана; КЖК = АО «Казахстанская жилищная компания». Чистая открытая позиция в иностранной валюте — это сумма всех открытых позиций по отдельным иностранным валютам.

Холдингу «Байтерек» необходимо разработать механизм управления рисками, относящимися к воздействию, такими как риски, связанные со справедливым переходом или перемещением. Уделяя больше внимания реальному воздействию, руководство холдинга «Байтерек» также могло бы рассмотреть возможные риски или компромиссы, которые могут быть вызваны оказываемым воздействием. Риск, связанный с справедливым переходом, может возникнуть в результате инвестиций, финансируемых холдингом «Байтерек», которые направлены на то, чтобы помочь экономике отказаться от ископаемых видов топлива, в результате чего будут утрачены некоторые рабочие места, специалисты некоторых профессий станут ненужными, предприятия некоторых отраслей будут постепенно прекращать свою работу или перемещаться, а благосостояние некоторых групп населения снизится. Риск перемещения связан с тем, что экономисты называют эффектом общего равновесия, а он может возникать в пространстве, отрасли или в других экономических измерениях. Идея заключается в том, что инвестиции или кредиты, которые позволяют одному бизнесу или отрасли расти, могут отнимать ресурсы (рабочую силу, капитал, промежуточные факторы производства, землю) у других предприятий или отраслей, даже если они все еще сохраняют устойчивость. В результате могут возникать негативные побочные сетевые эффекты, включающие дефицит работников в некоторых отраслях (и возможную потребность в иммиграции новых работников) или депопуляцию городов с обанкротившейся сферой услуг. Ведущий ФИР должен отслеживать такие риски и активно управлять ими; Ирландский стратегический инвестиционный фонд (ISIF), который рассматривается ниже, может считаться образцом в этом отношении.

Управление рисками в холдинге «Байтерек» не полностью децентрализовано, однако модель децентрализованного управления рисками лучше подходит для характера его деятельности и может оградить группу от политического влияния. Во-первых, сфера, характер и масштабы деятельности дочерних организаций холдинга «Байтерек» очень различаются, а риски обычно бывают уникальными и в основном ограниченными одним юридическим лицом. Во-вторых, интеграция между дочерними организациями холдинга «Байтерек» в настоящее время ограничена (за исключением нынешнего агрокомплекса – АКК и АО «КазАгроФинанс»). В-третьих, автономность управления рисками дочерних организаций может эффективно оградить их от неправомерного политического влияния при принятии решений о рисках, что особенно актуально для финансирования крупных проектов через БРК или для покупки облигаций, осуществляемой КЖК. Надзорная роль, реализованная в функции управления рисками холдинга «Байтерек», включает модель «трех линий обороны»: управление рисками, внутренний аудит и мониторинг комплаенса.

Управление рисками, мониторинг комплаенса и внутренний аудит должны быть основными направлениями интеграции для функции надзора над рисками холдинга «Байтерек», дополняющей модель децентрализованного управления рисками. Отсутствие функции внутреннего аудита в настоящее время в масштабах всей группы ставит под вопрос эффективность трех линий обороны на уровне группы, поскольку это может подорвать надзорную роль холдинга «Байтерек». Функция внутреннего аудита холдинга «Байтерек» может быть модернизирована с предоставлением следующих полномочий: (i) обеспечение неограниченного доступа к информации и всем видам деятельности во всей группе и в каждой дочерней организации; (ii) координация деятельности подразделений дочерних организаций, в том числе посредством разработки плана проведения аудита в масштабах всей группы и издания корпоративных методологий; и (iii) создание соответствующих комитетов для выполнения функций холдинга «Байтерек» по координации. Новое подразделение по мониторингу комплаенса, призванное обеспечить соблюдение всех законов, нормативно-правовых актов, правил и кодексов поведения на уровне всей группы, могло бы осуществлять надзор и координировать работу подразделений по мониторингу комплаенса в дочерних организациях. Хотя теневую функцию ДУР могут взять на себя члены правления холдинга «Байтерек» и правлений его дочерних организаций, необходимо четко определить функцию ДУР, с тем чтобы в полной мере удовлетворить потребность в целостном и комплексном управлении рисками с независимой вертикалью подчиненности комитетам по управлению рисками советов директоров. Для целостного управления рисками требуется охват финансовых, корпоративных рисков и рисков, связанных с воздействием, а также надлежащая консолидация всех видов рисков от уровня дочерних организаций до уровня холдинга.

УПРАВЛЕНИЕ

Для надлежащего управления воздействием, капиталом и рисками с достаточной подотчетностью следует реформировать структуру управления холдинга «Байтерек» начиная с совета директоров. Существует три варианта структуры совета директоров холдинга «Байтерек»: первый, соответствующий передовой практике ОЭСР, который предусматривает полную независимость, второй, согласующийся с моделью Самрук-Казына, и третий, предусматривающий наличие совета директоров с политическим представительством (и более широкой функцией собственника). Хотя первые два варианта являются предпочтительными для обеспечения максимальной политической независимости (по крайней мере, на бумаге), вопросы политической экономики могут не потерять своей остроты при выборе любого из вариантов. Существует риск того, что даже при такой организационной структуре политическое влияние может осуществляться через доверенных лиц, особенно если отсутствует надежная защита государственной службы. Политический состав совета директоров, в котором большинство составляют независимые профессиональные члены совета директоров, обладающие достаточным уровнем и разнообразием навыков, необходимых для выполнения полномочий холдинга «Байтерек» по достижению двойного результата, является вторым лучшим решением. Но этот вариант мог бы помочь укрепить функцию государственного собственника и повысить согласованность с национальными и финансовыми стратегиями. В настоящее время функцию собственника выполняет Управление МНЭ. Однако это Управление не обладает достаточными полномочиями, чтобы оспаривать решения председателя совета директоров холдинга «Байтерек», Премьер-Министра или других политических членов совета директоров (первого заместителя Премьер-Министра или Министра национальной экономики). Если следовать первому варианту независимого совета директоров, то необходимо укрепить и, возможно, поднять до уровня канцелярии Премьер-Министра функцию государственного собственника, выполняемую Управлением МНЭ, чтобы также избежать возможного конфликта интересов МНЭ как министерства, содействующего развитию предпринимательства. Если следовать модели с независимыми членами и старшими государственными служащими, то потребуется существенно укрепить и кодекс, и защиту государственных служащих. Если следовать политической модели, то совет директоров холдинга «Байтерек» становится де-факто подразделением государственного собственника в холдинге «Байтерек», а Управление МНЭ - секретариатом совета директоров. Переход к новой модели (как политического, так и независимого) совета директоров необходимо спланировать и включить в него соответствующие юридические действия и процесс назначения членов с учетом необходимости в обеспечении непрерывности деятельности.

В соответствии с любой из этих моделей, правление холдинга «Байтерек», советы директоров дочерних организаций холдинга «Байтерек» и правления дочерних организаций должны быть надлежащим образом ограждены от политического влияния , с тем оградить среднесрочное воздействие от влияния политических циклов. Все директора советов директоров дочерних организаций и члены групп руководства холдинга «Байтерек» и его дочерних организаций должны назначаться по результатам открытого международного конкурсного отбора. Кандидаты будут отбираться независимой частной рекрутинговой компанией, которая будет проводить комплексную экспертизу благонадежности (КЭБ) посредством проверки на профессиональную пригодность, добросовестность и независимость. Члены совета директоров будут назначаться на пять лет без права продления в таком порядке, который обеспечивает их поочередную замену. Правление будет назначаться как одна команда на четыре года. Полномочия каждого члена группы руководства будут возобновляться один раз при условии успешного завершения контракта на управление эффективностью, который привязан к КПЭ воздействия. Тогда модель децентрализованного управления рисками позволит оставить все решения в отношении деятельности дочерних организаций в ведении правлений данных дочерних организаций. Например, крупные кредитные позиции БРК будут утверждаться советом директоров БРК (советом директоров ГСФ [Группы стратегического финансирования], представленным на Рисунке О.7) без участия совета директоров холдинга «Байтерек». Для более четкого разделения надзорных и управленческих функций по всему холдингу «Байтерек» также потребуется, чтобы CEO холдинга «Байтерек» не заседал в совете директоров холдинга «Байтерек», а члены совета директоров холдинга «Байтерек» не заседали в советах директоров дочерних организаций.

Структура дочерних организаций, по-видимому, не является оптимальной и могла бы быть оптимизирована на основе коммерческих целей, целей по достижению двойного результата и целей работы в качестве фискального агента (эффективное посредничество в предоставлении субсидий). Текущая структура сочетает операции Уровня 1 и Уровня 2, инструменты и субсидии финансовых рынков, а также различные отраслевые направления. Такое сочетание затрудняет оказание четкого воздействия и его верификацию, а также, что более важно, ограничивает возможности холдинга «Байтерек» по совершенствованию процесса мобилизации частного капитала. Частный капитал не любит связываться с субсидиями и выделяет капитал в зависимости от целей, которые могут быть чисто коммерческими и связанными с достижением двойного результата. Новая структура холдинга «Байтерек» могла бы отражать эту реальность следующим образом:

- *Направления деятельности Уровня 2 (дочерние организации) могут быть объединены в Группу по коммерциализации и приватизации (ГКП)* и перейти под управление общего независимого совета, специализирующегося на коммерциализации.[10] Совет мог бы подготовить большинство, если не все организации/направления деятельности Уровня 2 к возможной приватизации, работая со специализированной группой или группами руководства в зависимости от того, насколько консолидированной корпоративная структура ГКП является или станет под руководством совета директоров ГКП.
- Направления деятельности Уровня 1 (дочерние организации) могут быть объединены в Группу *по стратегическому финансированию (ГСФ)* и перейти под управление единого независимого совета, специализирующегося на управлении ФИР с целями по достижению двойного результата (минимальная финансовая прибыль и максимальное воздействие с приемлемым риском).[11] Этот совет мог бы работать со специализированной группой или группами руководства в зависимости от того, насколько консолидированной

корпоративная структура ГСФ станет под руководством совета директоров ГСФ.

- *Предоставление всех субсидий будет передано в ведение Корпорации по управлению субсидиями / фискального агента (КУСФА)* и перейдет под управление единого независимого совета и группы руководства, специализирующихся на разработке и предоставлении субсидий. Этот совет будет стремиться обеспечить их максимальное социально-экономическое и рыночное воздействие, при этом сводя рыночные искажения к минимуму.

Каждая группа дочерних организаций будет иметь общий (единый) совет директоров, состоящий исключительно из независимых директоров из частного и неправительственного секторов (Рисунок О.7). В рамках каждой группы каждая дочерняя организация будет возглавляться группой руководства, в состав которой будут входить исключительно независимые старшие эксперты из частного и неправительственного секторов, имеющие необходимые специальности, охватывающие все необходимые области ведения бизнеса.

Членам советов, контролирующих три группы различных дочерних организаций, требуются принципиально разные знания, чтобы эффективно выполнять различные задачи групп. В состав совета директоров и правления ГКП будут входить старшие специалисты из частного сектора, имеющие опыт работы в сфере коммерческого и инвестиционного банкинга, знания, относящиеся к внедрению новых продуктов и выводу существующих продуктов на рынок (охват финансовыми услугами ММСП и домохозяйств). Совет директоров и правление ГСФ будут состоять из старших экспертов, имеющих опыт управления ФИР и ориентированных на достижение двойного результата (достижение социально-экономического, экологического воздействия и защита капитала

РИСУНОК О.7

Предлагаемая реформа структуры дочерних организаций холдинга «Байтерек»

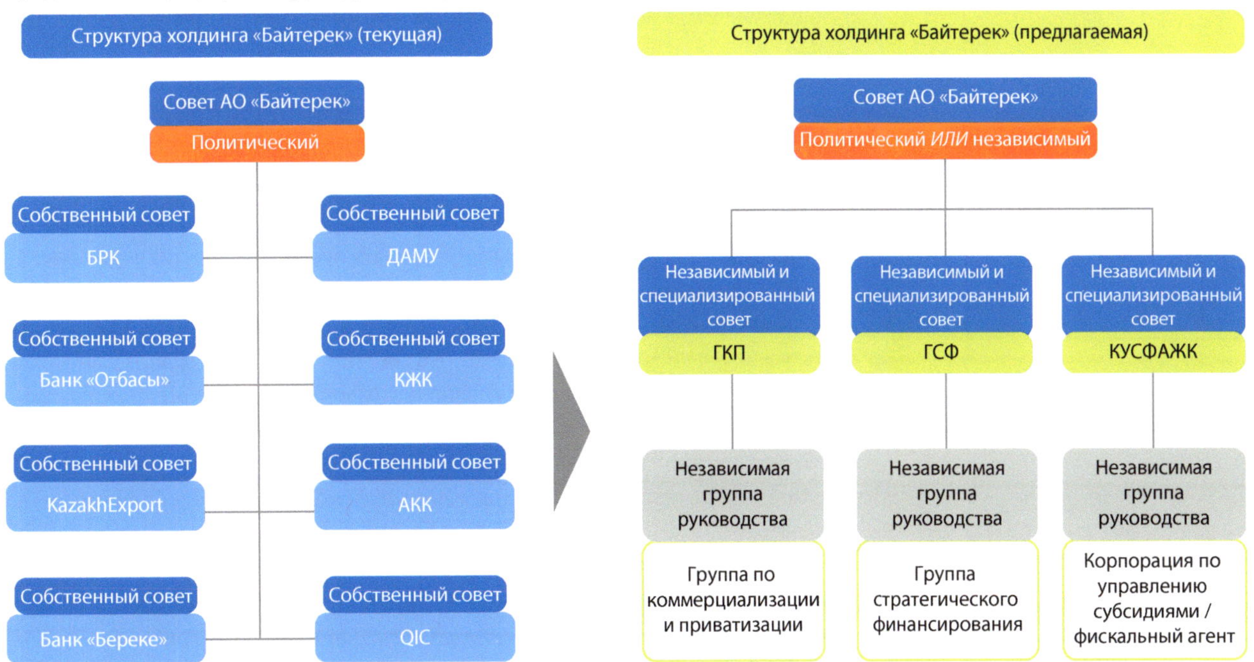

Источник: Всемирный банк.

Примечание: АКК = АО «Аграрная кредитная корпорация»; ГКП = Группа по коммерциализации и приватизации; Фонд «ДАМУ» = Фонд развития предпринимательства; БРК = Банк развития Казахстана; QIC = Qazaqstan Investment Corporation; КЖК = АО «Казахстанская жилищная компания; ГСФ= Группа стратегического финансирования; КУСФА - Корпорация по управлению субсидиями / фискальный агент организации посредством обеспечения получения минимальной финансовой прибыли. Обе цели будут достигаться при приемлемом уровне риска (финансового, корпоративного и связанного с воздействием). Совет директоров и правление КУСФА будут состоять из старших специалистов/экономистов, обладающих глубокими знаниями в области разработки субсидий для придания импульса финансовым рынкам, ниш и продуктов, если они отсутствуют, являются не полными или временно нарушены (вследствие системных кризисов). Предоставление субсидий должно носить временный характер и не должно превращаются в постоянную социальную помощь. В случае необходимости такая помощь может быть предоставлена по другим более подходящим каналам государственного сектора.

Холдинг «Байтерек» мог бы укрепить подотчетность за счет повышения потенциала своих сотрудников, занимающихся контрольной деятельностью, и создания новых механизмов оказания среднесрочного воздействия, обеспечения финансовой устойчивости и рыночного поведения. Парламентский комитет по финансам и бюджету часто приглашает представителей холдинга «Байтерек», чтобы они выступили и обосновали свои операции и воздействие. Однако эти слушания, по-видимому, не позволяют получить практическую обратную связь, которая могли бы быть использована холдингом «Байтерек» и найти свое отражение в операционных или стратегических корректировках. Одной из причин является предполагаемый невысокий потенциал ВАП, которая должна подготовить квалифицированную информацию для слушаний комитета с участием представителей холдинга «Байтерек». Потенциал ВАП можно было бы повысить за счет оказания специально разработанной технической помощи. Эти усилия могли бы быть дополнены активизацией нового механизма подотчетности, ориентированного на среднесрочное воздействие холдинга «Байтерек» и контролируемого ВАП или АСПИР.[12] ВАП или АСПИР могли бы отвечать за организацию периодических независимых оценок (проведение конкурсного отбора и финансирование) и ознакомление общественности с их полными результатами. ВАП или АСПИР потребуется организовать сотрудничество и предоставление данных холдингом «Байтерек» и Бюро национальной статистики.[13] Холдинг «Байтерек» также мог бы стать подотчетным за широкое взаимодействие с финансовым рынком, поскольку он является системным финансовым институтом (конгломератом) по любым критериям и конкурирует на рынке на преимущественных условиях.[14] Поэтому Агентство по регулированию и развитию финансового рынка (АРРФР) могло бы начать осуществлять надзор за деятельностью не только организаций, которые принимают депозиты (например, АО «Отбасы банк»), но и организаций, которые являются лидерами в сегментах рынка (фонд «ДАМУ», АКК, АО «КазАгроФинанс») для контроля за рыночным поведением и недопущения получения неправомерных конкурентных преимуществ. Кроме того, холдинг «Байтерек» как финансовый конгломерат мог бы находиться под пруденциальным надзором АРРФР в целях укрепления финансовой стабильности и обеспечения конкурентного нейтралитета на финансовых рынках.

Необходимо консолидировать и оптимизировать направление деятельности, связанное с субсидированием, а функцию фискального агента в идеале следует исключить из числа обязанностей холдинга «Байтерек» и включить ее в субнациональный фискальный механизм. Посредничество в субсидировании, которое холдинг «Байтерек» осуществляет в интересах правительства, создает проблемы с управлением по причине необходимости в ежегодном согласовании и неопределенности финансирования в соответствии с ежегодно меняющимися КПЭ.

Посредничество в субсидировании снижает политическую независимость холдинга «Байтерек» и сказывается на принятии обоснованных среднесрочных решений, связанных с его основной деятельностью в качестве ФИР. Поэтому правительство должно консолидировать всю деятельность по субсидированию в одной организации КУСФА и включить предоставление субсидий в ССПР правительства, чтобы обеспечить определенность этого направления деятельности. Оно должно согласовывать финансирование желаемых КПЭ один раз за цикл ССПР (от четырех до пяти лет), а также конкретную комиссию, которую оно будет платить холдингу «Байтерек» за разработку, реализацию и мониторинг субсидий. В настоящее время холдинг «Байтерек» выполняет функции фискального агента правительства, в частности приобретая облигации местных исполнительных органов по ценам ниже рыночных с некоторой компенсацией ценового разрыва за счет обязательств холдинга «Байтерек» перед правительством. Однако ФИР, который стремится оказывать помощь в прозрачном развитии национальных финансовых рынков и мобилизации частного капитала, не следует выполнять эту функцию. Эта функция фискального агента должна быть изолирована от основной деятельности холдинга «Байтерек» в качестве ФИР и осуществляться в рамках субнационального механизма финансового и долгового управления.

ТАБЛИЦА О.1 Основные (приоритетные) рекомендации

РЕКОМЕНДАЦИИ	ОТВЕТСТВЕННАЯ ОРГАНИЗАЦИЯ
1. Разъяснить полномочия и политическую роль холдинга «Байтерек» в отношении национальной стратегии и стратегии финансового сектора, а также цели/функции его финансовых, коммерческих и фискальных агентов в области развития.	ПРК
2. Повысить ориентированность холдинга «Байтерек» на оказание воздействия и обеспечение экономической взаимодополняемости как для конечных бенефициаров, так и для развития финансовых рынков, дополнив свою деятельность аспектом экологизации.	МНЭ и ПРК
3. Реформировать структуру дочерних организаций холдинга «Байтерек» с целью усиления поддержки в создании финансового рынка и мобилизации частного капитала, изоляции роли посредника в субсидировании и постепенной отмены функции фискального агента.	МНЭ и холдинг «Байтерек»
4. Пересмотреть модель совета директоров холдинга «Байтерек» и обеспечить независимость правлений и советов директоров дочерних организаций. Провести четкое разделение надзорных и управленческих функций во всем холдинге «Байтерек».	МНЭ и ПРК
5. Укрепить систему управления рисками за счет полной децентрализации; перенести функции внутреннего аудита и комплаенс-контроля на уровень группы; и защитить андеррайтинг кредитных рисков на уровне БРК от политического влияния.	Холдинг «Байтерек»
6. Оптимизировать решения по отбору проектов и программ за счет отбора крупных проектов и программ на основе максимальной ставки доходности для экономики страны с учетом минимальной внутренней ставки доходности (уровня безубыточности) и разработки надежной системы маркировки для небольших проектов в рамках программ поддержки.	Холдинг «Байтерек»
7. Распространить нормативный и надзорный механизм на холдинг «Байтерек» на консолидированной основе; воздержаться от исключения АО «Отбасы банк» из системы регулирования и надзора АРРФР; и рассмотреть возможность включения БРК и АКК (и КЖК) на индивидуальной основе.	МНЭ, МФ, АРРФР
8. Укрепить механизм подотчетности через Парламентский комитет по финансам и бюджету; ежегодно оценивать результаты, представленные специализированными компаниями; и периодически проводить оценку воздействия по поручению ВАП или АСПИР.	МНЭ и ПРК
9. Улучшить раскрытие данных уровня бенефициаров и данных уровня УФО, с тем чтобы позволить аналитическим центрам и исследователям проводить оценки, а также повысить качество финансовой отчетности по финансированию и условным финансовым обязательствам холдинга «Байтерек».	Холдинг «Байтерек», МНЭ и МФ

Источник: Всемирный банк.

Примечание: АКК = АО «Аграрная кредитная корпорация»; АРРФР = Агентство по регулированию и развитию финансового рынка; АСПИР = Агентство по стратегическому планированию и реформам; БРК = Банк развития Казахстана; ПРК = Правительство Республики Казахстан; КЖК = АО «Казахстанская жилищная компания; МНЭ = Министерство национальной экономики; МФ = Министерство финансов; ВАП = Высшая аудиторская палата; УФО = Участвующая финансовая организация.

Полный перечень технических рекомендаций и вариантов политик представлен в Дополнении А; в Таблице О.1 перечислены основные (приоритетные) рекомендации. Правительство может захотеть принять эти рекомендации полностью или выбрать только некоторые из них с учетом их политической выполнимости. После того, как будут одобрены отобранные рекомендации и принято решение в отношении предпочтительных политических вариантов, Правительство могло бы разработать подробную дорожную карту мероприятий по реализации с указанием их последовательности, распределения функциональных обязанностей и сроков проведения. Дорожная карта могла бы включать мероприятия, направленные на реализацию программы реформирования как на основе подходов «сверху - вниз», так и «снизу - вверх». Подходы «сверху - вниз» (такие как политические реформы, правовые и регулятивные мероприятия) являются комплексными, но они требуют больше времени для реализации и медленнее производят изменения, включая изменения в корпоративной культуре. Таким образом, дополнительные мероприятия «снизу - вверх» часто используются при управлении изменениями для запуска пилотных проектов, которые могут иметь демонстрационный эффект и изменить корпоративную культуру изнутри. Такие пилотные проекты помогают создавать центры передовых технологий – профессиональные драйверы перемен, которые оказывают положительное побочное воздействие на всю организацию. Пилотные проекты могли бы предусматривать разработку инновационных проектов, в рамках которых проводится обмен знаниями и оказание технической помощи схожими организациями, являющимися примерами для подражания, или многосторонними банками развития. Они также могли бы быть ориентированы на инновационные продукты и вхождение в новые рыночные ниши с достаточно полно выявленным несовершенством рынка, включая большую асимметричную неэффективность в отношении информации или координации, например, частное страхование от стихийных бедствий и другие услуги по устойчивому финансированию, гарантирование акционерного риска и развитие рынка хеджирования (деривативов), факторинговые услуги и платформы цифрового финансирования, среди прочего.

ПРИМЕЧАНИЯ

1. АО «Казына Капитал Менеджмент» (ККМ) было переименовано в QIC в 2023 году.
2. Сумма облигаций МИО, выкупленных холдингом «Байтерек» (АО «Казахстанская жилищная компания» [КЖК]), составила 163,7 миллиарда тенге (в 2021 году) и 281,2 миллиарда тенге (в 2020 году). Были инвестированные средства в сумме 1 785 миллиардов тенге. Но если из расчетов исключить ценные бумаги иностранных государств, облигации Национального банка Республики Казахстан (НБ РК), государственные облигации, приобретенные или созданные кредитно-обесцененные (POCI) и аналогичные активы, то оставшийся баланс составит 63 миллиарда тенге (в основном корпоративные облигации и акции). Сумма полученных субсидий составила 326 миллиардов тенге (2021 год), но за вычетом активов и после других корректировок эта цифра снизилась до 161,5 миллиарда тенге.
3. В состав совета директоров входят Первый Заместитель Премьер-Министра, Заместитель Руководителя Администрации Президента, министры финансов, национальной экономики, индустрии и инфраструктурного развития; CEO холдинга «Байтерек»; три независимых директора, которые возглавляют комитеты по стратегическому планированию, аудиту и вознаграждениям.
4. Предпринимательские риски могут быть операционными или связанными с противодействием отмыванию денег / финансированию терроризма (ПОД/ФТ), непрерывностью деятельности или экологическим следом.

5. Концепция развития финансового сектора до 2030 года была утверждена в сентябре 2022 года.
6. Программы строительства социального жилья должны проводиться другими государственными организациями.
7. Расчеты выбросов углерода должны постепенно переводиться с использования Сферы охвата 2 на Сферу охвата 3 проектов/мероприятий, для которых выделены инвестиции или финансирование. Отправной точкой должна служить методология Всемирного банка для расчета теневых цен.
8. Прибавление КПЭ для увеличения суммы ERR с целью обоснования выбора проекта должно быть запрещено в течение периода, для которого создается механизм воздействия.
9. См., например, Мелецкий (2021 год) и ссылки у него.
10. Поскольку в соответствии с законом каждое АО должно иметь свой совет директоров, члены совета директоров будут включены во все советы директоров АО в рамках ГКП. Затем заседания советов директоров проводиться совместно или последовательно во всех организациях группы. Совет директоров также будет давать рекомендации и принимать решения по необходимым слияниям внутри группы.
11. Поскольку в соответствии с законом каждое АО должно иметь свой совет директоров, члены совета директоров будут включены во все советы директоров АО в рамках ГСФ. Затем заседания советов директоров проводиться совместно или последовательно во всех организациях группы. Совет директоров также будет давать рекомендации и принимать решения по необходимым слияниям внутри группы.
12. Одним из пунктов полномочий АСПИР является оценка воздействия долгосрочных реформ.
13. Сотрудничество поможет обеспечить надлежащую идентификацию, включая данные о режимах, альтернативных сценариях и искажающих факторах.
14. Он осуществляет деятельность в нескольких сегментах рынка (ипотечное кредитование, кредитование ММСП, сельскохозяйственное кредитование), получая при этом выгоды от неявного государственного гарантирования.

СПРАВОЧНЫЕ МАТЕРИАЛЫ

Бова М.Е., М. Руис-Арранз, М.Ф.Г. Тоскани и Х. Е. Туре. 2016 год. «Финансовые затраты по условным обязательствам: новый набор данных.» Рабочий документ МВФ 16/14, Международный валютный фонд, Вашингтон, федеральный округ Колумбия

Бевер У. 2017 год. Предприятия в собственности государства на развивающихся рынках Европы: «Хороший, плохой, злой». Рабочий документ МВФ 17/221, Международный валютный фонд, Вашингтон, федеральный округ Колумбия

Елиассон Дж. и М. Лундберг. 2012 год. «Влияет ли анализ затрат- выгод на принятие решений об инвестициях в транспортном секторе? Опыт, полученный в ходе реализации шведского Плана инвестиций в транспортный сектор на 2010 - 2021 годы.» *Транспортное обозрение* 32 (1): 29–48.

Флорио М., В. Морретта и У. Уилак. 2018 год. «Анализ затрат и выгод и политика сближения Европейского союза: Экономическая и финансовая отдача при оценке инвестиционных проектов.» *Журнал анализа затрат и выгод,* 9 (1),: 147–80.

Леви-Еяти Е.Л., А. Микко и У. Паница. 2004 год. «Должно ли государство заниматься банковским бизнесом? Роль государственных банков и банков развития.» Рабочий документ 517, Межамериканский банк развития, Департамент научных исследований.

Мартин М. 2021 год, *Скрытый долг: решения для предотвращения следующего финансового кризиса в Южной Азии.* Вопросы развития Южной Азии. Вашингтон, федеральный округ Колумбия: Всемирный банк. https://openknowledge.worldbank.org/handle/10986/35595.

Мишан Е. Дж. и Е. Квах. 2020 год. *Анализ затрат и выгод.* Рутледж.

1 Стандартизованные факты и тенденции холдинга «Байтерек»

22-го мая 2013 года Президент Республики Казахстан учредил акционерное общество (АО) «Национальный управляющий холдинг (НУХ) «Байтерек» в целях развития национальной экономики путем оптимизации деятельности финансовых институтов развития (ФИР) с участием государства. Структура, миссии и основные направления деятельности холдинга и его дочерних организаций представлены в обобщенном виде на Рисунке 1.1. Общая доля консолидированных активов холдинга «Байтерек», которая на момент создания в 2013 году составляла 5,6 процента валового внутреннего продукта (ВВП), выросла примерно до 12 процентов в 2021 году (Рисунок 1.2).[1] В последние годы рост активов в основном происходил за счет размещения долговых ценных бумаг и привлечения средств клиентов (Рисунок 1.3). Количество дочерних организаций достигло максимального значения и равнялось 11 в 2014 году, то в октябре 2022 года их количество сократилось до семи. Количество дочерних организаций вновь выросло до восьми после национализации дочерней организации российского государственного Сбербанка в Казахстана. Холдинг «Байтерек» играет двойную роль (ФИР и фискального агента), выступая в качестве посредника в предоставлении государственных бюджетных средств для субсидирования финансовых услуг и приобретая/финансируя облигации субнациональных организаций.

Развитие частного сектора является одним из ключевых приоритетов холдинга «Байтерек». Его дочерние организации играют ключевую роль в содействии развитию частного сектора. В 2013 году холдинг «Байтерек» принял на себя права собственности и управления фондом «ДАМУ» (фондом развития предпринимательства), который обеспечивает поддержку устойчивого развития микро-, малых и средних предприятий (ММСП). Обусловленное размещение средств (ОРС), субсидирование процентной ставки (СПС) и частичное гарантирование займов (ЧГЗ) являются тремя основными инструментами, используемыми фондом «ДАМУ» для поддержки ММСП. Субсидирование процентной ставки часто происходит при государственной поддержке, и в 2021 году сумма субсидий, направленных на эти цели, превысила 122 миллиарда тенге. Также в 2013 году холдинг «Байтерек» принял на себя права собственности и управления АО «Казына Капитал Менеджмент» (ККМ, переименованный в QIC в 2023 году), которое является юридическим лицом, отвечающим за развитие экосистемы частных

РИСУНОК 1.1

Структура холдинга «Байтерек» с указанием миссии и направлений деятельности его дочерних организаций

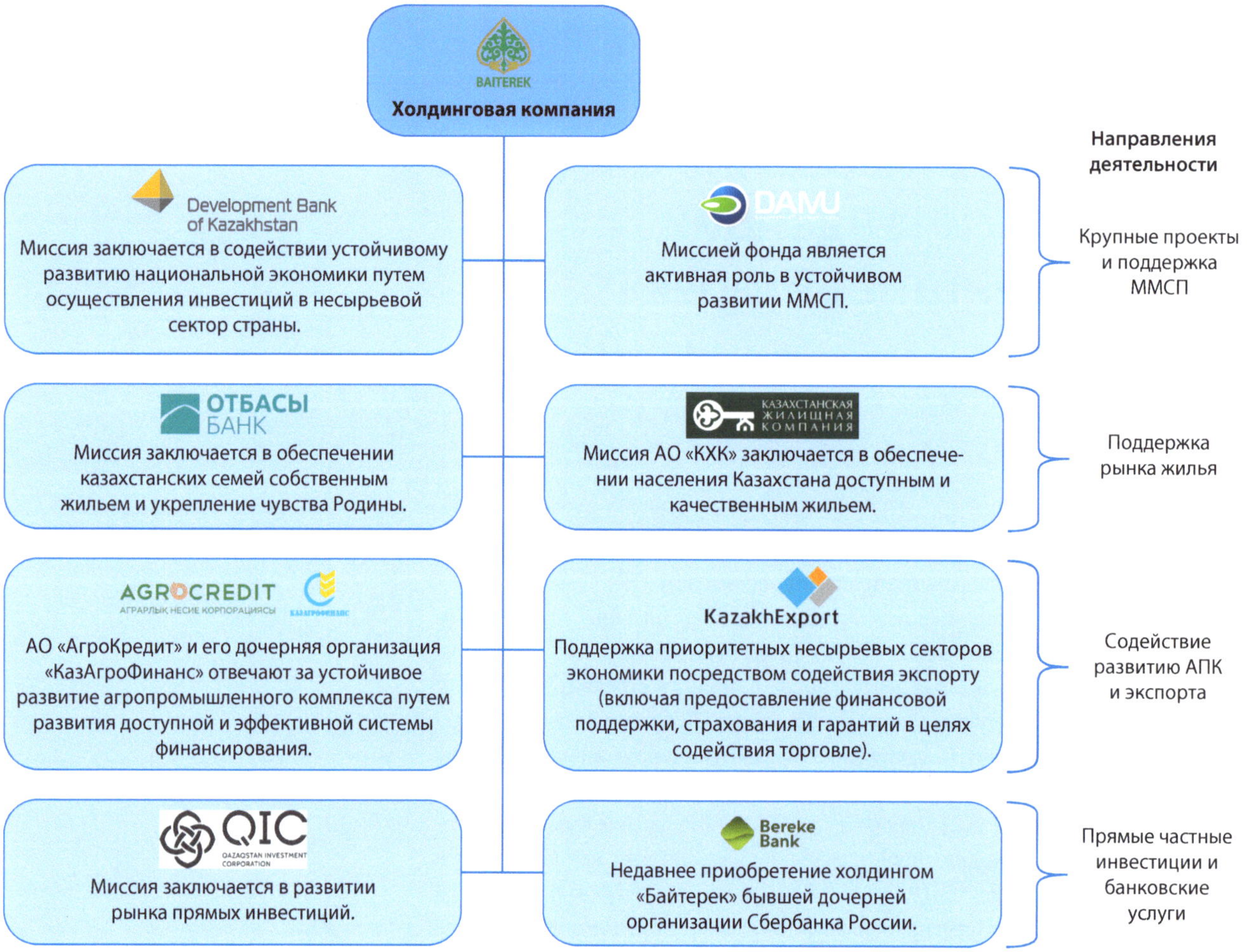
BAITEREK
Холдинговая компания
Направления деятельности
Development Bank of Kazakhstan
Миссия заключается в содействии устойчивому развитию национальной экономики путем осуществления инвестиций в несырьевой сектор страны.
DAMU
Миссией фонда является активная роль в устойчивом развитии ММСП.
Крупные проекты и поддержка ММСП
ОТБАСЫ БАНК
Миссия заключается в обеспечении казахстанских семей собственным жильем и укрепление чувства Родины.
КАЗАХСТАНСКАЯ ЖИЛИЩНАЯ КОМПАНИЯ
Миссия АО «КЖК» заключается в обеспечении населения Казахстана доступным и качественным жильем.
Поддержка рынка жилья
AGROCREDIT
АО «АгроКредит» и его дочерняя организация «КазАгроФинанс» отвечают за устойчивое развитие агропромышленного комплекса путем развития доступной и эффективной системы финансирования.
KazakhExport
Поддержка приоритетных несырьевых секторов экономики посредством содействия экспорту (включая предоставление финансовой поддержки, страхования и гарантий в целях содействия торговле).
Содействие развитию АПК и экспорта
QIC
QAZAQSTAN INVESTMENT CORPORATION
Миссия заключается в развитии рынка прямых инвестиций.
Bereke Bank
Недавнее приобретение холдингом «Байтерек» бывшей дочерней организации Сбербанка России.
Прямые частные инвестиции и банковские услуги

Источник: Всемирный банк на основе информации, представленной на веб-сайте холдинга «Байтерек», https//baiterek.gov.kz/en/.
Примечание: Фонд «ДАМУ» = Фонд развития предпринимательства; ММСП = Микро-, малые и средние предприятия; АПК – агро-промышленный комплекс.

РИСУНОК 1.2

Совокупные активы холдинга «Байтерек» и доля в экономике

В триллионах тенге
Процентах
0
2
4
6
8
10
12
14
2013
2014
2015
2016
2017
2018
2019
2020
2021
2022e
Совокупные активы (трлн тенге)
Доля в % ВВП (ПС)

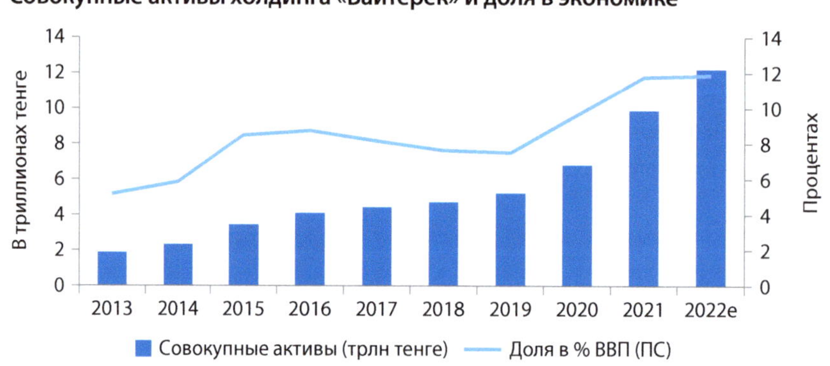

Источники: АО «Национальный управляющий холдинг «Байтерек»; Бюро национальной статистики.
Примечание: ВВП = валовой внутренний продукт; ПС = правая - сторона Данные за 2022 год рассчитываются.

РИСУНОК 1.3

Динамика и состав совокупных пассивов холдинга «Байтерек»

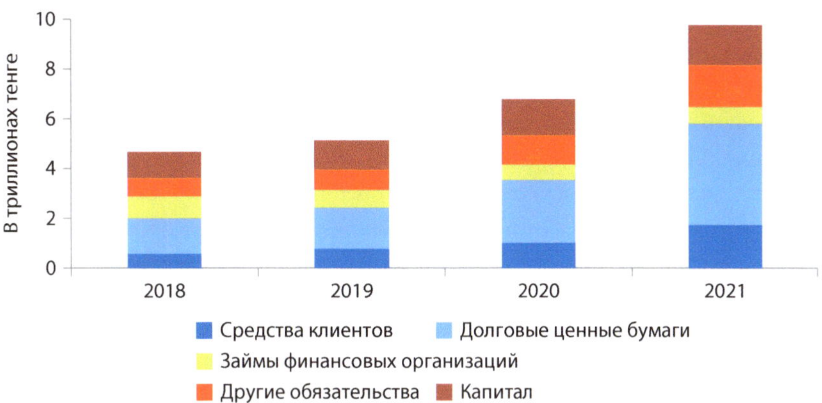

Источник: АО «Национальный управляющий холдинг«Байтерек»
Примечание: Средства клиентов в основном включают депозиты в АО «Отбасы банк».

прямых инвестиций и венчурного капитала. Венчурный фонд холдинга «Байтерек» инвестирует средства в компании, работающие в приоритетных секторах, тогда как в рамках Программы «Лидеры конкурентоспособности – Национальные чемпионы» предоставлялся поддержка компаниям, которые были намерены создать свою нишу в Евразийском экономическом союзе. В 2018 году совет директоров холдинга «Байтерек» внес изменения в свою инвестиционную политику в частном секторе, направленные на приоритезацию устойчивого социально-экономического развития. В 2019 году АО «Национальное агентство по технологическому развитию» было преобразовано в АО «QazTech Ventures», которое предназначено для поддержки развития рынка венчурного капитала, бизнес-инкубаторов и внедрения новых технологий предпринимателями. В июне 2022 года АО «QazTech Ventures» объединилось с QIC[2] в рамках реорганизации холдинга «Байтерек» в целях оптимизации операций по основным направлениям деятельности.

Развитие инфраструктуры является одним из основных направлений деятельности холдинга «Байтерек». В 2014 году холдинг «Байтерек» начал играть активную роль в развитии национальной инфраструктуры, в основном через Банк Развития Казахстана (БРК), главная миссия которого заключается в содействии устойчивому развитию национальной экономики путем осуществления инвестиций в несырьевой сектор. В 2014 году БРК стал оператором государственной программы развития инфраструктуры «Нурлы жол», которая в основном финансируется из государственного бюджета.[3] Холдинг «Байтерек» также участвовал в создании ТОО «Центр сопровождения проектов ГЧП [государственно-частного партнерства]», которое способствовало привлечению частного сектора к развитию инфраструктуры страны. В 2016 году эта организация была переименована в ТОО «Kazakhstan Project Preparation Fund», и ее полномочия были расширены. Однако к 2022 году деятельность этой организации прекратилась.

Холдинг «Байтерек» является ключевым игроком в развитии рынка жилья в Казахстане. Холдинг «Байтерек» начал вносить свой вклад в развитие рынка жилья через Программу регионального развития и АО «Фонд гарантирования жилищного строительства» (ФГЖС). В 2017 году холдинг «Байтерек» стал единым оператором «Нұрлы жер», широко используемой государственной программы жилищного строительства, которая стимулирует накопление средств с детства, с тем чтобы можно было получить доступный ипотечный кредит во взрослом возрасте. Оптимизация операций холдинга «Байтерек» в сфере жилищного строительства продолжилась во время пандемии COVID-19, когда операции АО «Байтерек девелопмент» и ФГЖС были объединены в АО «ИО «Казахстанская Ипотечная Компания», которое гарантирует и субсидирует проекты развития и строительства в качестве организации оптового кредитования.[4] Недавно созданное АО «Отбасы банк» в настоящее время отвечает за жилищные кредиты и ипотечное кредитование, при этом на его долю приходится почти 66 процентов всех ипотечных кредитов в стране. По состоянию на 2022 год АО «Отбасы банк» и АО «Казахстанская жилищная компания» (КЖК), которые являются дочерними организациями холдинга «Байтерек», были единственными операторами программы «Нұрлы жер».

Поддержка холдингом «Байтерек» экспортно ориентированных компаний способствует диверсификации экономики. Например, для стимулирования экспорта несырьевых товаров и услуг было создано АО «Экспортная страховая компания «KazakhExport» (KazakhExport). Основными инструментами АО «KazakhExport» являются финансирование и страхование торговли, и по состоянию на 2021 год общая номинальная стоимость этих инструментов достигла 326,5 миллиарда тенге и 204,7 миллиарда тенге соответственно.

В 2021 году холдинг «Байтерек» получил полномочия на продвижение сельскохозяйственного финансирования посредством интеграции с холдингом «КазАгро». АО «КазАгроФинанс» (КазАгро») стала дочерней организацией АО «Аграрная кредитная корпорация» (АКК) после слияния бывшей материнской компании холдинга КазАгро с холдингом «Байтерек».[5] АКК занимается развитием агропромышленного комплекса, проводя индустриализацию и диверсификацию на основе устойчивых и доступных финансовых программ.

К августу 2022 года структура холдинга «Байтерек» включала восемь дочерних организаций. Они имели полномочия на кредитование малых и средних предприятий (МСП) и развитие рынка частных прямых/венчурных инвестиций, предоставление доступа к финансированию жилищного строительства, сельскохозяйственному финансированию, экспортному финансированию, на реализацию крупных проектов и инфраструктурное финансирование. На Рисунке 1.4 показана доля активов дочерних организаций в совокупных активах холдинга. Среди дочерних организаций имеются организации как Уровня 1 (занимающиеся оптовыми операциями), так и Уровня 2 (непосредственно конкурирующие с частными коммерческими организациями). Например, АКК предоставляет финансирование банкам и микрофинансовым организациям для выдачи сельскохозяйственных кредитов, а также напрямую кредитует сельскохозяйственные предприятия. Qazaqstan Investment Corporation (QIC; бывшее ККМ) функционирует как фонд фондов, а также управляет кэптивными фондами. АО «Отбасы банк» — это полноценный коммерческий (депозитный) банк Уровня 2, тогда как КЖК действует как банк Уровня 1 (оптовый уровень). Льготные кредиты и субсидии от государства по-прежнему играют важную роль в обеспечении роста дочерних организаций «Байтерека», но их доля в совокупных обязательствах постепенно снижается (Рисунок 1.5).

РИСУНОК 1.4

Активы дочерних организаций как доля совокупных активов холдинга «Байтерек»

Как % совокупных активов

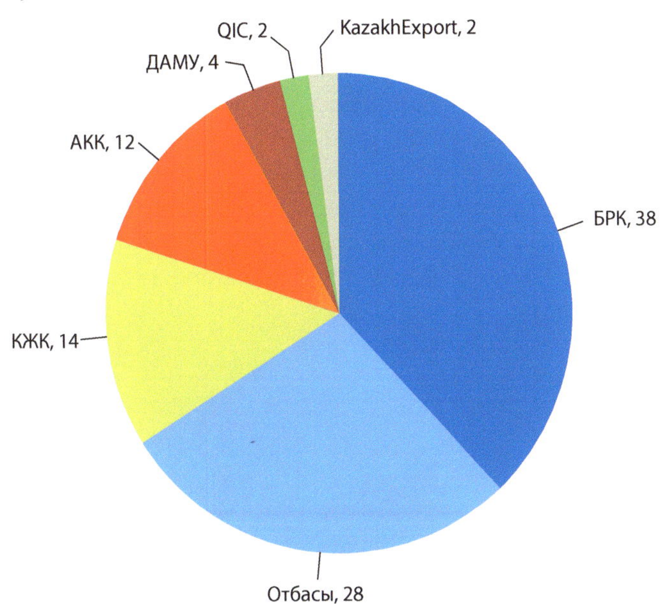

Источник: АО «Национальный управляющий холдинг«Байтерек»

Примечание: АКК = АО «Аграрная кредитная корпорация»; Фонд «ДАМУ» = Фонд развития предпринимательства; БРК = Банк развития Казахстана; QIC = АО «Qazaqstan Investment Corporation»; КЖК = АО «Казахстанская жилищная компания». АО «Bereke Bank» (Сбербанк) не показан из-за проблем с консолидацией.

РИСУНОК 1.5

Государственная поддержка холдинга «Байтерек» (кредиты и субсидии)

Источник: АО «Национальный управляющий холдинг«Байтерек»

Примечание: Представленные суммы являются остатками на конец периода.

Параллельно, в 2017 году, холдинг «Байтерек» предпринял важные шаги по совершенствованию своего видения, управления и организации. Эти шаги включали утверждение Стратегии развития до 2023 года и обновление Кодекса корпоративного управления. В 2017 году холдинг «Байтерек» также повысил уровень цифровизации своей деятельности, создав единый портал поддержки предпринимательства. Цифровизация процессов на портале позволила подавать заявки онлайн и отслеживать их статус, вести единую базу данных клиентов, которая включает подробную информацию о компании, проектах и истории делового взаимодействия.

В последние годы существенно изменился состав портфеля активов и кредитов. Пандемия COVID-19 оказала негативное воздействие на кредитную деятельность холдинга «Байтерек». В период с 2019 по 2021 год доля кредитов в совокупных активах снизилась с 60 до 51 процента, а доля ликвидных активов выросла с 11 до 16 процентов (Рисунок 1.6). В последние годы ипотечные и строительные кредиты быстро росли и в 2022 году на их долю приходится более половины кредитного портфеля (Рисунок 1.7). Риск концентрации относительно высок, поскольку более 90 процентов кредитов сосредоточено в четырех секторах.

РИСУНОК 1.6

Состав консолидированных активов холдинга «Байтерек»

Как % совокупных консолидированных активов холдинга «Байтерек»

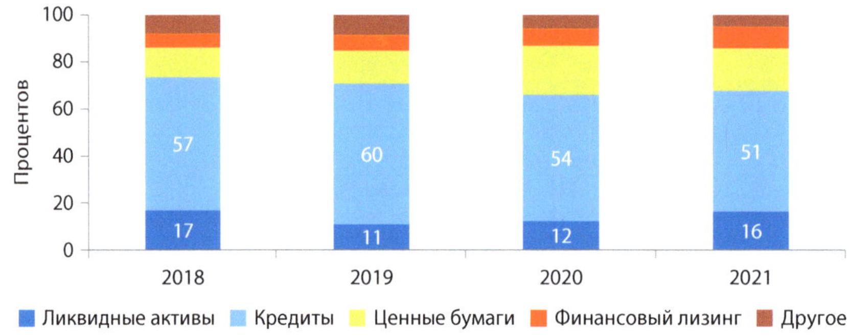

Источник: АО «Национальный управляющий холдинг«Байтерек»
Примечание: АО «Bereke Bank» (Сбербанк) не показан из-за проблем с консолидацией.

РИСУНОК 1.7

Состав кредитного портфеля холдинга «Байтерек»

В % от общего объема кредитования (займы + финансовый лизинг)

Источники: АО «Национальный управляющий холдинг «Байтерек»; расчеты экспертов Всемирного банка.
Примечание: Представленные данные относятся только к крупным кредиторам (Банк развития Казахстана, АО «Аграрная кредитная корпорация», АО «Отбасы банк» и АО «Казахстанская жилищная компания»).

Долговые инструменты становятся важным источником финансирования деятельности холдинга «Байтерек» в соответствии со стратегической целью привлечения большего объема средств из частных источников. В 2018 году холдинг «Байтерек» разместил на Казахстанской фондовой бирже (KASE) 15-летние облигации на сумму 77,7 миллиарда тенге. В 2019 году он продолжил работу на внутренних рынках капитала, разместив два выпуска облигаций на сумму 40 и 25 миллиардов тенге соответственно. В 2020 году, в неспокойные времена пандемии COVID-19, холдинг «Байтерек» разместил на KASE облигации на сумму 150 миллиардов тенге. В 2021 году холдинг «Байтерек» снова вышел на местные рынки капитала, разместив 10-летние облигации на сумму 50 миллиардов тенге.

КРАТКАЯ ИНФОРМАЦИЯ О ДЕЯТЕЛЬНОСТИ ЗА ПОСЛЕДНЕЕ ВРЕМЯ

Размер холдинга «Байтерек» растет быстрыми темпами. В 2021 году совокупные активы увеличились на 45% и составили около 10 триллионов тенге (примерно 23,2 миллиарда долларов США или 11% ВВП Казахстана). Увеличение совокупного объема активов в основном финансировалось за счет роста долговых обязательств, равных 2,8 триллиона тенге. В результате, соотношение собственных и заемных средств холдинговой компании возросло с 3,8 в 2020 году до 4,9 в 2021 году.

На первый взгляд капитализация, рентабельность и ликвидность холдинга «Байтерек» не вызывают серьезных опасений, однако существенные финансовые риски могут быть консолидированы ненадлежащим образом. В 2021 году после приобретения холдинга КазАгро, холдинг «Байтерек» сообщил, что консолидированное кредитное плечо (отношение заемных средств к собственным) составляло 4,9, что является довольно консервативным значением. Доходность основных фондов (ДОФ) и доходность собственного капитала (ДСК) в 2021 году составили 1,3% и 7,2% соответственно. ДСК дочерних организаций холдинга «Байтерек» существенно различается и находится в диапазоне от 1,0% до 19,8%; при этом самые низкие показатели имело QIC, а самые высокие - АО «Отбасы банк». Риск нехватки ликвидности снижается за счет государственных гарантий, низкого соотношения между собственными и заемными средствами, повышения диверсификации источников финансирования и централизованного управления внутригрупповыми потоками ликвидности. В период с 2020 по 2021 год ликвидные активы в виде наличности и ее эквивалентов выросли в 2,5 раза и приблизились к 17 процентам общего объема обязательств. Аналогично, убытки прошлых периодов вызвали более консервативный аппетит к риску в отношении межбанковского кредитования и открытым позициям в иностранной валюте. Холдинг «Байтерек» и его дочерние организации, в частности БРК, могли выпускать облигации в тенге, долларах США и рублях, что может подвергнуть их некоторому рыночному и курсовому риску. Обзор основных имеющихся финансовых показателей представлен в Дополнении В.

Финансовая поддержка МСП расширяется. Кредитование МСП существенно выросло с 1,7 триллиона тенге в 2020 году до 2,2 триллиона тенге в 2021 году. Кредиты, предоставленные МСП холдингом «Байтерек», в частности через его дочернюю организацию фонд «ДАМУ», в 2021 году составили 2,7 процента ВВП, что равняется примерно 40 процентам всех кредитов, выданных МСП. Общий объем кредитования МСП в Казахстане составил 6,7 процента ВВП, что свидетельствует о значительных возможностях для роста. Холдинг «Байтерек» несет основную ответственность за создание более глубокого и здорового рынка кредитования МСП, который в результате реализации программ финансовой поддержки холдинга «Байтерек» способен расширить экологическое и другие виды социально-экономического воздействия. Финансовая поддержка МСП предоставляется главным образом через фонд «ДАМУ» в виде обусловленного размещения средств (ОРС), субсидирования процентной ставки (СПС) и частичного гарантирования займов (ЧГЗ). В 2021 году количество участников программы ОРС сократилось на 30% до 7 783 предприятий. Однако число участников двух других программ существенно возросло: СПС - с 17 672 до 32 351, ЧГЗ - с 9 873 до 17 219 участников. В результате, на программу СПС (которая выделяется среди трех инструментов наиболее сильным искажающим воздействием на рынок), в настоящее время приходится более 73 процентов финансовой поддержки, оказываемой МСП.

Для развития рынка жилья холдинг «Байтерек» использует механизмы как со стороны спроса, так и со стороны предложения. В 2021 году объем поддержки со стороны предложения, предоставляемой КЖК, достиг 598,4 миллиарда тенге, включая гарантии, приобретение облигаций и другие финансовые инструменты. Объем поддержки КЖК со стороны спроса составил 81,1 миллиарда тенге, включая приобретение прав требования по ипотечным кредитам, выдачу ипотечных кредитов по программе «Орда» (эта программа была приостановленна в 2021 году). и предоставление жилья по программе аренды с последующим выкупом. В 2021 году портфель ипотечного кредитования АО «Отбасы банк» увеличился на 100% и достиг 1 235 миллиардов тенге. В результате доля АО «Отбасы банк» на рынке ипотечного кредитования увеличилась на 800 базисных пунктов и достигла 66 процентов. Такая ситуация может неблагоприятно отразиться на выходе на рынок других банках второго уровня. АО «Отбасы банк» также принимает вклады, связанные с жилищным строительством. В 2021 году число его вкладчиков увеличилось на 601 370 человек, в результате чего доля вкладчиков в составе экономически активного населения Казахстана составила 24 процента.

ЗАЯВЛЕННОЕ И ВОСПРИНИМАЕМОЕ ВОЗДЕЙСТВИЕ

На своем веб-сайте холдинг «Байтерек» сообщает о существенном воздействии на сферу развития в плане создания рабочих мест и роста бизнеса, но всё ещё присутствует вероятность атрибуции и двойного/тройного подсчета воздействия (Рисунок 1.8). В 2021 году руководство холдинга «Байтерек» сообщило о том, что было создано 9 420 рабочих мест, обеспечено производство продукции обрабатывающей промышленности на 13,5 триллиона тенге, а также оказано содействие в экспорте товаров на сумму 2,6 триллиона тенге. Также в 2021 году налоговые выплаты бенефициаров холдинга «Байтерек» достигли 1,7 триллиона тенге. При этом все фирмы-бенефициары сообщают об увеличении числа рабочих мест и росте объемов производства, которые произошли благодаря поддержке холдинга «Байтерек». Кроме того, если коммерческое предприятие пользуется двумя (или тремя) механизмами поддержки (субсидирование процентной ставки, гарантирование кредитов), то воздействие на увеличение числа рабочих мест и рост производства учитывается два (или три) раза. Поэтому рекомедуется рассмотреть альтернативные сценарии

РИСУНОК 1.8

Воздействие дочерних организаций на конкретные сектора и создание рабочих мест

БАНК РАЗВИТИЯ КАЗАХСТАНА

- В 2021 году инвестировано 399,1 миллиарда тенге в обрабатывающую промышленность и 134,1 миллиарда тенге в инфраструктурные отрасли.
- Предоставлено кредитов для поддержки экспорта на сумму 168,4 миллиарда тенге.
- Профинансировано 37 крупных проектов, в том числе строительство солнечной электростанции мощностью 50 МВт в Костанайской области.
- В рамках этих проектов создано 1 876 новых постоянных рабочих мест.

ДАМУ

- В 2021 году субсидирование процентной ставки предоставлено более чем 32 000 проектов, частичные гарантии более чем 17 000 проектам.
- Сохранено 797 000 рабочих мест, создано 217 000 новых рабочих мест (с момента создания).
- Финансовая поддержка на сумму 9,2 триллиона тенге предоставлена более чем 156 000 проектам (с момента создания).
- Компании получили финансовую поддержку в размере 4,0 триллионов тенге в виде освобождения от уплаты налогов.

ОТБАСЫ

- В 2021 году жилье было предоставлено 82 252 семьям за счет собственных средств банка и.
- 20 290 семьям в рамках программы «Нұрлы жер».
- В настоящее время в Банке насчитывается 2 196 865 вкладчиков, которым принадлежит 1,5 триллиона тенге.
- Из которых: каждый 10-й депозит принадлежит детям.

КЖК

- В 2021 году за счет инструментов КЖК поддержки предложения жильем было обеспечено 30 047 семей.
- Тогда как в рамках инструментов поддержки спроса жилье было предоставлено 2 503 семьям.
- Осуществлен выкуп ценных бумаг местных исполнительных органов (МИО) на сумму 751,7 миллиарда тенге, на эти средства были реализованы 6 743 инфраструктурных проекта, обеспечивших трудоустройство около 250 тысяч человек.

АКК

- В 2021 году выделено 322,5 миллиарда тенге на финансирование более 20 000 сельхозпроизводителей.
- Для развития предпринимательства выдано 11 100 микрокредитов на сумму 68,6 миллиарда тенге.
- 163 договора страхования [премиальные субсидии в сумме 242,6 миллиона тенге, страховые выплаты 825,3 миллиона тенге].
- В период с 2017 по 2021 год в результате деятельности АКК было создано более 9 000 рабочих мест.

KazakhExport

- В 2021 году была оказана поддержка 81 экспортеру (из которых 26 являются новыми клиентами).
- Эти компании получили доходы от экспорта в сумме 213,8 миллиарда тенге.
- Объем экспортных контрактов достиг 326,5 миллиарда тенге.
- Приняты страховые обязательства на сумму 204,7 миллиарда тенге.

QIC

- В 2021 году новые инвестиции достигли суммы в 36,7 миллиарда тенге: транспортная инфраструктура (12 миллиардов тенге), агропромышленный комплекс (12,8 миллиарда тенге), медиаиндустрия и индустрия развлечений (404 миллиона тенге), ИТ (1,5 миллиарда тенге), другие сектора (8,5 миллиардатенге);
- В 2021 году было создано 895 новых рабочих мест.

Источник: Веб-сайт холдинга «Байтерек», https://baiterek.gov.kz/en/.

(рост аналогичного бизнеса, который не получил поддержку) или изолировать (по крайней мере пропорционально) дифференцированное воздействие отдельных механизмов поддержки.

Заинтересованные стороны и участники рынка высказывали опасения по поводу воздействия холдинга «Байтерек» и его дочерних организаций на создание и развитие рынка. Ассоциация финансистов косвенно выразила озабоченность по поводу искажающего воздействия субсидирования процентной ставки на эффективность предоставления кредитов, а также на доступ ММСП к финансированию и призвала к переориентации государственной поддержки на более рыночные программы (Интерфакс-Казахстан, 2021 год). Быстрый рост ипотечного кредитования, предоставляемого АО «Отбасы банк», делает его единственным доминирующим игроком на этом рынке; частные коммерческие кредиторы воздерживаются, опасаясь быть вытесненными с ипотечного рынка, на который они должны стремиться в долгосрочной перспективе (Сарсенова, 2021 год. Более того, намерение правительства об освобождении АО «Отбасы банк» от пруденциального надзора со стороны Агентства по регулированию и развитию финансового рынка (АРРФР) не имеет четкого обоснования. Также имеется риск того, что это решение приведет к созданию неравных условий, позволив квазифискальному сектору расширяться за счет частного сектора. Такое расширение негативно скажется на масштабах финансового посредничества и темпах развития рынка в среднесрочной и долгосрочной перспективе. АКК и АО «КазАгроФинанс» доминируют в сфере кредитования и лизинга в сельскохозяйственном секторе без четкой стратегии привлечения частного капитала в этот сегмент кредитования. Озабоченность по поводу этичности кредитования БРК вылилась в критику Президента и призывы к проведению реформ (Tengri News, 2022). Хотя правительство и холдинг «Байтерек» решили вмешаться в меры поддержки на некоторых рынках финансовых услуг, они, как представляется, упускают из виду другие меры, такие как страхование (помимо сельскохозяйственного и экспортного страхования) или цифровые платежные услуги.

ПРИМЕЧАНИЯ

1. Если не указано иное, статистические данные по холдингу «Байтерек», представленные в данном исследовании, взяты из годовых отчетов холдинга «Байтерек» и его дочерних организаций.
2. Бывшее ККМ было переименовано в Qazaqstan Investment Corporation (QIC).
3. БРК является оператором ряда государственных программ, в том числе Программы инфраструктурного развития «Нұрлы жол» на 2015-2019 годы, Программы кредитования крупного бизнеса в обрабатывающей промышленности, Государственной программы индустриально-инновационного развития на 2015-2019 годы, Государственной программы индустриально-инновационного развития на 2020-2025 годы, Программы «Дорожная карта бизнеса-2025». Эффективность некоторых из этих программ была поставлена под сомнение, когда Президент Токаев раскритиковал деятельность БРК после волнений в январе 2022 года. См. *Tengri News* (2022 год).
4. АО «ИО «Казахстанская Ипотечная Компания» сменила название на АО «Казахстанская Жилищная Компания» в январе 2021 года.
5. КазАгро было создано решением Правительства Республики Казахстан в 1999 году для решения основных задач, стоявших перед аграрным сектором: обновление устаревшей техники и технологий. Основным видом операций КазАгро был финансовой лизинг. В 2022 году КазАгро было объединено с АКК, дочерней организацией холдинга «Байтерек», с тем чтобы оптимизировать государственную поддержку сельскохозяйственного сектора.

СПРАВОЧНЫЕ МАТЕРИАЛЫ

Интерфакс-Казахстан, 2021 год «Председатель Совета Ассоциации финансистов Казахстана Елена Бахмутова: в случае продолжения господдержки неэффективных компаний реален риск появления «зомби» бизнеса» [на русском языке]. Июнь 2021 года. https://www.interfax.kz/?lang=eng&int_id=13&news_id=232.

Сарсенова Меруерт, 2021 год. «Что будет способствовать появлению новых ипотечных продуктов» [на русском языке]. Ассоциация финансистов Казахстана. 5 сентября 2021 года. https://afk.kz/ru/publikaczii-v-smi/intervyu/chto-budet-sposobstvovat-poyavleniyu-novyix-ipotechnyix-produktov.html.

Tengri News. 2022 год. «Банк развития Казахстана стал личным банком избранных - Токаев» [на русском языке]. 11 января 2022 года. https://tengrinews.kz/kazakhstan_news/bank-razvitiya-kazahstana-prevratilsya-lichnyiy-bank-458777/.

2 Холдинг «Байтерек» как инструмент политики

Казахстану необходимо стимулировать участие частного финансового сектора в финансировании экономической деятельности, и холдинг «Байтерек» является основным непосредственным инструментом политики для этой цели. С учетом того, что соотношение кредитования в банковском секторе к валовому внутреннему продукту (ВВП) по-прежнему невелико и составляет 25%, Казахстан заметно отстает от других стран региона. Несмотря на многочисленные программы государственной поддержки кредитование частным сектором реального сектора экономики за последнее время сократилось в реальном выражении учитывая некоторые слабые стороны банковского и корпоративного секторов. Основным фактором роста кредитования в последнее время было потребительское и ипотечное кредитование, при этом последнее в основном осуществлялось за счет программ государственной поддержки.[1] Через свои дочерние организации холдинг «Байтерек» осуществляет функции ключевого администратора государственных программ и конгломерата финансовых институтов развития (ФИР), балансовые активы которых составляют более 12% ВВП, за исключением других значительных бюджетных ресурсов, проходящих через холдинг «Байтерек» в связи с его ролью фискального агента (за последние пять лет темпы роста активов составили в среднем 23 процента).

В 2022 году Правительством Казахстана была утверждена стратегия по усилению роли финансовых услуг в качестве фактора, способствующего экономическому росту. Агентство по регулированию и развитию финансового рынка (АРРФР) совместно с основными заинтересованными сторонами, такими как Национальный банк Республики Казахстан (НБ РК), Министерство национальной экономики (МНЭ) и различные ассоциации сектора финансовых услуг, разработало Концепцию развития финансового сектора Республики Казахстан до 2030 года. Концепция основывается на пяти компонентах, в рамках которых предлагается сделать упор на финансовую стабильность и устойчивость, используя колоссальный потенциал новых технологий с целью повышения эффективности и охвата финансовыми услугами. В целом данная Концепция направлена на развитие конкуренции и создание равных условий работы для всех финансовых учреждений, а также на расширение охвата финансовыми услугами и обеспечение равного доступа к финансовым продуктам и услугам для всех предприятий и потребителей.

Еще одним важным вопросом, требующим решения, остается доминирующее положение государства в финансовых системах. Хотя все меры в конечном итоге направлены на более тесную интеграцию финансовых услуг Казахстана на международной арене и повышение благосостояния населения, концепция предусматривает снижение значительной доли государственного участия в прямом кредитовании экономики и искажающем рынок субсидировании бизнеса и потребителей. Кроме того, правительство планирует постепенно сокращать государственную финансовую поддержку, направленную на прямое финансирование экономики; благодаря косвенной государственной поддержке (распределению рисков) этот шаг должен обеспечить замещение государственного финансирования ресурсами финансового рынка в крупных капиталоемких инвестиционных проектах.

В Стратегии развития Республики Казахстан до 2050 года заложен новый курс реформ, основанный на социально-экономической модернизации. Вслед за первой стратегией развития страны, принятой в 1997 году, и среднесрочной стратегией развития до 2025 года Стратегия развития Республики Казахстан до 2050 года в настоящее время является основным национальным стратегическим документом. Наряду со Стратегией развития финансового сектора Республики Казахстан до 2030 года и Стратегией развития государственного управления в Республике Казахстан до 2030 год Стратегия развития до 2050 года определяет направления деятельности холдинга «Байтерек» и семь приоритетов.[2] Создание благоприятного инвестиционного климата, содействие развитию эффективного государственно-частного партнерства и перенятие современных методов корпоративного управления для государства лежат в основе траектории трансформации и потребуют переосмысления роли государства. Холдинг «Байтерек» находится в центре данного курса реформирования, как инструмент финансирования частного сектора, ключевой игрок в построении партнерских отношений с частным сектором и потенциальный лидер корпоративного управления, включая в сфере устойчивого финансирования.

Совокупность мер национальной и отраслевой политики в сочетании с согласованными стратегическими приоритетными направлениями определяют сферу деятельности холдинга «Байтерек» в качестве инструментов политики. Устойчивый рост, поддержка агробизнеса, развитие предпринимательства и укрепление регионов являются некоторыми ключевыми приоритетными направлениями, определяющими стратегические сферы деятельности холдинга «Байтерек» и его дочерних организаций.

Целевые показатели и ключевые показатели эффективности (КПЭ) устанавливаются в соответствии с указанными приоритетными направлениями, но данный процесс представляется трудоемким. МНЭ поручает проведение макроанализа и оценок целевых показателей специальному экономическому аналитическому центру (АО «Институт экономических исследований»). Данный аналитический центр распространяет данные анализа и оценки среди различных отраслевых министерств, которые затем предоставляют МНЭ целевые показатели и КПЭ. После этого МНЭ направляет холдингу «Байтерек» целевые показатели и КПЭ в письме с перечнем ожиданий. Данное первоначальное письмо объединяет в себе около 30 КПЭ, которые затем консолидируются холдингом «Байтерек» до 10-12 КПЭ (в новую стратегию будут включены только девять из них). Снижение количества КПЭ требует переговоров с соответствующими отраслевыми министерствами, которые продолжаются в среднем не менее полугода. По достижении договоренности

КПЭ передаются в Администрацию Президента, согласовываются, а затем направляются совету директоров холдинга «Байтерек» для окончательной ратификации. После того, как КПЭ будут переданы совету директоров, они повторно направляются в соответствующие отраслевые министерства для следующего раунда получения комментариев до утверждения советом директоров. Интервью показали, что процесс представляется сложным и слишком долгим, что открывает двери для политического влияния на цели холдинга «Байтерек» в области развития в краткосрочной перспективе и в рамках политического цикла. В 2019 году данный процесс начался в ноябре и завершился через два года. В конечном итоге, по-видимому, процесс дублируется, поскольку министры, входящие в состав совета директоров холдинга «Байтерек», возглавляют те же министерства, которые предлагают отраслевые целевые показатели.

Разработка надлежащих КПЭ и целевых показателей КПЭ по-прежнему имеет решающее значение для возможностей холдинга по проведению оценки эффективности деятельности холдинговой компании как на агрегированном уровне, так и на уровне дочерних организаций. Дальнейшие обсуждения с несколькими заинтересованными сторонами, участвующими в процессе, подтвердили, что довольно сложно агрегировать вклад каждой организации холдинга «Байтерек» и определить в каком качестве она это делает. Но после агрегирования вкладов также сложно определить вклад каждой дочерней организации в достижение целевых показателей; в результате, мониторинг эффективности по целевым показателям каждой отдельной дочерней организации становится сложным. Мониторинг эффективности может быть особенно затруднен в некоторых секторах, в которых холдинг «Байтерек» может играть роль как на стороне спроса, так и на стороне предложения, а КПЭ могут быть разработаны для охвата обеих сторон. На рынке жилья, например, КПЭ могут размыть попытки агрегировать вклад более доступного жилья в предложение и вклад в предоставление финансирования для покупки доступного жилья.

Расширение возможностей для количественной оценки экологического («зеленого») воздействия деятельности и оценки эффективности должно быть приоритетным направлением для холдинга «Байтерек» и МНЭ в будущем. Цель деятельности АО «Байтерек» по-прежнему тесно связана с целями в области развития, такими как содействие устойчивому экономическому развитию страны и экономической диверсификации. В этом отношении целевые показатели и КПЭ могут быть более эффективно взвешены и интегрированы с расчетами выбросов углерода и социальной стоимости углерода, а заявление о миссии холдинга «Байтерек» могло бы включать экологические, социальные и управленческие (ЭСУ) аспекты и отражать ЭСУ стратегию и участие во внесении вклада, определяемого на национальном уровне. Ирландский международный центр устойчивого финансирования (Вставка 2.1) представил несколько вариантов мониторинга, которые холдинг «Байтерек» мог бы рассмотреть. Ежеквартальная отчетность могла бы ускорить процесс согласования КПЭ и целевых показателей, а оценка воздействия могла бы обеспечить большую ориентированность операций на достижение социальных целей, тогда как базовая оценка могла бы оказаться очень полезной для отслеживания международных обязательств. Методологический подход к устойчивому финансированию приобретает решающее значение для отслеживания прогресса по всем направлениям, и холдинг «Байтерек» должен завершить разработку методологии с этой целью.

ВСТАВКА 2.1

Оценка воздействия и эффективности: пример ирландского Международного центра устойчивого финансирования

Создание ирландским правительством Международного центра передового опыта в области устойчивого финансирования явилось реализацией одного из 18 мероприятий, определенных в дорожной карте устойчивого финансирования, принятой в 2021 году. Центр будет взаимодействовать с сетью центров финансовой устойчивости (FC4S), функционирующей в рамках Программы развития Организации Объединенных Наций (ПРООН). Его цель будет заключаться в ускорении реализации повестки дня устойчивого финансирования на политическом, нормативном и рыночном уровнях. Он будет проводить научно-исследовательские и опытно-конструкторские работы, направленные на поддержку проектирования, разработки и запуска инновационных финансовых механизмов в целях содействия переходу к устойчивой экономике.

Центр принял решение оценивать свое воздействие по трем измерениям:

1. *Годовой отчет о ходе выполнения работ и оценка воздействия.* Ежеквартально представляются отчеты о прогрессе с использованием принципа «светофора». Эти ежеквартальные отчеты составляют основу годового отчета о ходе выполнения работ. Оценка воздействия проводится для определения прогресса в выполнении Ирландией обязательств по достижению целей устойчивого развития (ЦУР) и чистой нейтральности с точки зрения финансового рынка. В рамках оценки изучается дефицит финансирования в Ирландии и влияние устойчивого финансирования на реальную экономику, включая степень поддержки реализации национальных планов действий по климату и ЦУР.
2. *Годовые оценки базовых показателей.* При проведении годовой оценки базовых показателей используются методология FC4S ООН и платформа Обсерватории устойчивого финансирования для отслеживания и измерения на ежеквартальной основе прогресса Ирландии в выполнении международно признанных обязательств, таких как обязательства в рамках Целевой группы по раскрытию финансовой информации, связанной с климатом (TCFD), нулевой уровень выбросов углерода и научно обоснованные цели.
3. *Финансирование Ирландией разработки ежегодной стратегии и плана мероприятий.* В течение четвертого квартала каждого года Департамент финансов во взаимодействии со всеми заинтересованными сторонами разрабатывает План мероприятий на следующий год. На постоянной ежеквартальной основе департамент также отслеживает прогресс по плану действий на каждый год.

Заявление о миссии холдинга «Байтерек» может быть расширено с учетом новых страновых (и глобальных) приоритетов (указанных выше) и включать ЭСУ аспекты в вопросах оказания воздействия. В Таблице 2.1 представлены заявления о миссиях государственных финансовых холдинговых компаний со всего мира, из которых холдинг «Байтерек» мог бы извлечь уроки. В Колумбии основное внимание уделялось обеспечению достаточной защищенности от политического вмешательства и совершенствованию корпоративного управления. В Сингапуре основное внимание уделялось профессионализации корпоративной практики, с тем чтобы государственная холдинговая компания «Temasek» имела возможность действовать в качестве информированного и активного акционера, усиливающего воздействие инвестиций на человеческий капитал, инновации и устойчивый рост. На европейском направлении усилия по экологизации инвестиционной программы и улучшению условий жизни граждан в настоящее время являются основными движущими силами стратегических

ТАБЛИЦА 2.1 Политические цели финансовых холдингов: примеры Колумбии, Италии, Сингапура и Франции

КОЛУМБИЯ - GRUPO BICENTENARIO	ИТАЛИЯ - CASSA DEPOSITI E PRESTITI
• Оптимизация национального портфеля акций. • Централизация прав собственности граждан. • Обеспечение четкого и структурированного корпоративного управления. • Повышение эффективности консолидированного управления государственными организациями, предоставляющими финансовые и страховые услуги.	• Выполнение решающей роли в росте и устойчивом развитии Италии. • Компенсация задержек страны и обеспечение значительного экономического, социального и экологического воздействия. • Взаимодействие и поддержка муниципальных и сельских районов.
СИНГАПУР - TEMASEK	**ФРАНЦИЯ - CDC**
• Выступать как активный акционер и инвестор. • Быть ответственным управляющим. • Инвестировать в развитие человеческого потенциала. • Оказывать содействие в поиске решений. • Строить смело. • Развивать для будущих поколений.	• Финансировать бизнес. • Поддерживать жилищный сектор. • Развивать регионы. • Сохранять окружающую среду. • Беречь жизни граждан Франции.

Источники: Caisse des Dépôts et Consignations , «Наши задачи», https://www.caissedesdepots.fr/en/en/modele-unique/nos-missions; Cassa Depositi e Prestiti, «Управление», https://www.cdp.it/sitointernet/en/governance.page; Temasek, «Наше предназначение, хартия и ценности», https://www.temasek.com.sg/en/about-us/our-purpose-charter-values; Миссия Grupo Bicentenario, https://www.grupobicentenario.gov.co/
Примечание: CDC = Caisse des Dépôts et Consignations.

планов двух упомянутых организаций (Caisse des Dépôts et Consignations [CDC] во Франции и Cassa Depositi e Prestiti в Италии). Переосмысление текущей миссии холдинга «Байтерек» и обоснование его количественно измеримых полномочий, которые включают корпоративное управление и оказание ЭСУ воздействия, могли бы способствовать совершенствованию методов разработки и оценки целевых показателей, КПЭ и операций.

Чтобы повысить эффективность холдинга «Байтерек» в качестве инструмента развития, в новых национальных стратегиях и стратегиях финансового сектора необходимо четко определить его роль. Обоснование для холдинга «Байтерек» должно учитывать неэффективности рынка и то, каким образом государство при помощи холдинга «Байтерек» может их устранить и продемонстрировать взаимодополняемость. Также холдинг «Байтерек» должен играть социальную роль через свои коммерческие операции, определяя, какие сегменты экономики и общества должны быть приоритетными, ставя цели и задачи, а также формулируя видение воздействия, которое является количественно измеримым и может подвергаться постоянному мониторингу. В данном контексте совет директоров холдинга «Байтерек» играет решающую роль в обеспечении стратегического руководства и контроля над выполнением миссии правлением. Всеобъемлющий набор целей и задач необходимо продумывать, разрабатывать и периодически пересматривать по мере роста операций и продвижения реформ. Затем правлению холдинга «Байтерек» необходимо сформулировать бизнес-план; разработать мероприятия и определить показатели, которые обеспечат подотчетность холдинговой компании перед правительством, парламентом и обществом в целом.

Совершенствование способа, с помощью которого государство управляет своими финансовыми активами, является важным инструментом в плане достижения целей стратегии финансового сектора. Холдинг «Байтерек» остается основным инструментом политики Казахстана в плане обеспечения развития финансового сектора и экономики, однако его успешной работе может помешать то, как государство реализует и распределяет свои права собственности. При помощи Кодекса корпоративного управления для акционерных обществ были предприняты попытки проложить путь к усовершенствованию корпоративной практики. Данный Кодекс содержит исчерпывающую информацию о корпоративных методах, а показатели комплаенса холдинга «Байтерек» являются довольно высокими. Тем не менее, Кодекс не содержит указаний о выстраивании наилучших отношений между государством и холдинговой компанией. Для любой государственной собственности по всему миру, и для холдинга «Байтерек» в частности, первостепенное значение имеет то, как минимизировать политическое вмешательство в процесс принятия решений, с тем чтобы долгосрочные полномочия холдинговой компании стояли на первом месте. Как будет показано в Главе 4 о корпоративном управлении, сильное политическое представительство в главном руководящем органе остается основной проблемой, требующей решения. Не меньшую озабоченность вызывает необходимость в более четком разделении функций надзора и управления.

Роли по надзору и управлению предприятиями в собственности государства (ПСГ) должны быть распределены между наиболее подходящими уровнями «вертикали подчинения», простирающейся от самых высоких уровней правительства до отдельных предприятий.[3] Чтобы достичь четкого разделения функций, это решение о распределении должно в первую очередь разъяснить обоснование участия государства в оказании финансовых услуг, а также в работе соответствующих институциональных механизмов, которые поддерживают функции государства (если они имеются) в исправлении неэффективностей рынка, устранении рыночных разрывов и демонстрации взаимодополняемости, в том числе за счет привлечения и мобилизации частного капитала. Четкие функции должны быть назначены в иерархическом порядке правительству (формулирование политики), собственникам (администрирование государственных интересов), советам директоров (надзор и руководство в соответствии с полномочиями) и правлениям (проведение мероприятий для реализации полномочий), сохраняя при этом операционную автономию функций различных организаций.

Холдинг «Байтерек» привлекает ценные кадры из частного сектора (на руководящие должности) и нанимает выпускников авторитетных вузов, но кадровый потенциал все еще может быть недостаточным для выполнения поставленной задачи. Профессионализация человеческих ресурсов и создание адекватного состава специалистов для выполнения необходимых задач являются критически важными для совершенствования методов выполнения в холдинге «Байтерек» функций государственного надзора и собственника, а также реализации соответствующих полномочий. Сотрудники холдинга «Байтерек» по-прежнему ограничены шкалой заработной платы гражданских служащих и процессами найма. При этом в интервью оба ограничения были названы основными препятствиями для повышения квалификации персонала. Размеры заработной платы государственных служащих остаются значительно ниже, чем у работников частного сектора, и это влияет на способность холдинга «Байтерек» привлекать и удерживать квалифицированных сотрудников, особенно в ключевых сферах, таких как управление рисками, внутренний контроль и внутренний аудит, которые, как представляется, недостаточно укомплектованы кадрами. Недостаточная укомплектованность кадрами также может быть результатом громоздкого процесса найма. Однако неукомплектованность является проблемой не только для холдинга «Байтерек».

Департаменты МНЭ, занимающиеся мониторингом деятельности холдинга «Байтерек», также остаются недостаточно укомплектованными. В Концепции развития государственного управления в Республике Казахстан до 2030 года предприняты попытки рассмотреть оба аспекта, что сводится к одной простой стратегии: построение модели «кадры превыше всего» для всех гражданских служащих, будь то сотрудники министерства или ПСГ.[4] Учитывая сокращение штата Комитета государственного имущества и приватизации МНЭ и другие ключевые принципы собственности ПСГ за последние пять лет, Концепция развития государственного управления до 2030 года могла бы предоставить возможность провести анализ пробелов в кадрах, который может определить потребности в человеческих ресурсах с учетом обновленной миссии холдинга «Байтерек». Кроме того, привлечению и удержанию подходящих кандидатов может способствовать пересмотр вознаграждения за труд с учетом рыночных ориентиров. Шкала заработной платы холдинга «Байтерек» может быть согласована с шкалой НБ РК и АРРФР, которые используют тот же рынок финансовых специалистов.

Холдинг «Байтерек» имеет достаточно возможностей для дальнейшего развития в качестве института проведения политики. Он мог бы достичь эту цель посредством трех основных шагов: пересмотр полномочий холдинга, оптимизация процесса, определяющего его стратегию и управление на основе достигнутых результатов, а также анализ эффективности функции мониторинга.

Пересмотр полномочий учреждения должен включать акцент на воздействие, охрану окружающей среды и взаимодополняемость. Текущие полномочия холдинга «Байтерек» достаточно широки, чтобы позволить холдинговой компании стимулировать экономический рост посредством реализации приоритетов программы финансовой политики. Тем не менее, нынешняя роль холдинга «Байтерек» включает функцию крупного фискального агента при правительстве, которая заключается в субсидировании процентных ставок и приобретении облигаций местных исполнительных органов. Необходимо освободить холдинг «Байтерек» от данной роли фискального агента и переопределить его роль, основанную на воздействии и взаимодополняемости, включая экологические факторы и развитие частного финансового рынка.

Для успешного принятия данной новой роли стратегия холдинга «Байтерек» должна быть надлежащим образом сформулирована; если необходимо определить новые полномочия, то при назначении стратегии и КПЭ необходимо поступить аналогичным образом. Стратегия холдинга «Байтерек» в конечном итоге является результатом применения подхода «сверху-вниз», что нередко встречается среди ПСГ. Однако процесс объединения политических приоритетов зачастую оказываются трудоемким; этот процесс существенно снижает политическую независимость холдинга «Байтерек» и не позволяет ему сосредоточиться на оказании среднесрочного воздействия (в отличие от ежегодных прямых результатов). Как минимум, следует оптимизировать процесс определения КПЭ и целевых показателей. Еще лучше отменить ежегодные согласования КПЭ и целевых показателей с министерствами («собственниками» бюджетных ассигнований/финансирования) и вместо этого представлять КПЭ и целевые показатели через совет директоров холдинга «Байтерек» на четырех-пяти-летний период с привязкой к Среднесрочному прогнозу расходов (ССПР) правительства, если холдинг «Байтерек» будет управлять фискальными трансфертами, такими как субсидии на компенсацию процентных ставок. Такие КПЭ и целевые показатели будут согласованы с более предсказуемым бюджетированием и помогут холдингу «Байтерек» сосредоточиться на среднесрочном воздействии (конечных результатах), а не на ежегодных прямых результатах. Департамент политики управления государственными активами МНЭ мог бы продолжать оказывать поддержку совету директоров холдинга «Байтерек» в определении среднесрочных КПЭ и целевых показателей.

Заключительным этапом является обзор мониторинга эффективности холдинга «Байтерек» и его дочерних организаций. В настоящее время постановка целевых показателей по мониторингу эффективности – это процесс, который МНЭ осуществляет совместно с АО «Институт экономических исследований». Данный процесс можно было бы реализовать полностью внутри организации при наличии достаточных кадровых ресурсов; в противном случае следует рассмотреть вопрос о перераспределении кадров. Кроме того, показатели эффективности отдельных дочерних организаций стало трудно отделить и определить. Следовательно, при рассмотрении формулировок целевых показателей следует обеспечить, чтобы вклад каждой дочерней организации в оказание воздействия мог быть измерен и верифицирован. Основная роль, возложенная на МНЭ, заключается в мониторинге эффективности ПСГ на уровне отдельных учреждений, что также касается холдинга «Байтерек» и его отдельных дочерних организаций. В Таблице 2.2 представлены предлагаемые мероприятия по повышению роли холдинга «Байтерек» как политического инструмента.

ТАБЛИЦА 2.2 Рекомендации: холдинг «Байтерек» как политический инструмент

МЕРОПРИЯТИЕ	ОТВЕТСТВЕННАЯ ОРГАНИЗАЦИЯ	ОЖИДАЕМЫЙ РЕЗУЛЬТАТ
Обновление полномочий холдинга «Байтерек» для охвата воздействия на конечных бенефициаров и рынки (включая воздействие на достижение экологических результатов) и взаимодополняемость в определении воздействия.	Правительство, МНЭ, совет директоров холдинга «Байтерек»	Повышение подотчетности механизма воздействия, охватывающего повестку в области изменения климата
Отмена ежегодной постановки и согласования КПЭ и целевых показателей для холдинга «Байтерек»; внедрение процесса, рассчитанного на четырех-пяти-летний цикл, привязанный к ССПР; согласование КПЭ с расширенными/ новыми полномочиями.	Правительство, МНЭ	Согласование КПЭ с расширенными полномочиями и акцент на среднесрочном воздействии; более предсказуемая привязка целевых показателей, КПЭ к бюджетной поддержке/финансированию.
Обзор мониторинга эффективности холдинга «Байтерек» и его дочерних организаций; введение иерархии КПЭ, которая также позволяет проводить мониторинг эффективности на уровне дочерних организаций холдинга «Байтерек».	МНЭ, совет директоров холдинг «Байтерек», Высшая аудиторская палата (и АСПИР)	Создание надежного механизма МиО для оценки эффективности холдинга «Байтерек» как на уровне дочерних организаций, так и на уровне группы.
Проведение обзора эффективности надзорной функции МНЭ и потребностей в квалифицированных кадрах, а также политики вознаграждения для Департамента политики управления государственными активами МНЭ	МНЭ	Повышение потенциала МНЭ по проведению надзора.
Пересмотр шкалы заработной платы холдинга «Байтерек» для привлечения и удержания специалистов из числа профессионалов финансового сектора; анализ сопоставимости с НБ РК и АРРФР.	Правительство, МНЭ	Укрепление потенциала человеческих ресурсов для оказания воздействия.

Источник: Всемирный банк.
Примечание: АРРФР = Агентство по регулированию и развитию финансового рынка; АСПИР = Агентство по стратегическому планированию и реформам; КПЭ = ключевой показатель эффективности; МиО = мониторинг и оценка; МНЭ = Министерство национальной экономики; ССПР = среднесрочный прогноз расходов; НБ РК = Национальный банк Республики Казахстан.

ПРИМЕЧАНИЯ

1. В течение 2017-2019 годов потребительское кредитование росло стремительными темпами в 15-27 процентов. В 2021 году темпы роста потребительского и ипотечного кредитования снова ускорились до 37 процентов, став основным фактором общего роста кредитования.
2. Семь приоритетов относятся к достижению и развитию: (i) сильного и успешного государства; (ii) устойчивого процесса демократизации и либерализации; (iii) гармонии и мира между различными социальными, этническими и религиозными группами; (iv) роли национальной экономики в международном разделении труда; (v) устойчивой социальной политики, направленной на обеспечение социальной стабильности и слаженности; (vi) статуса всемирно признанного государства; и (vii) активной роли в продвижении режима нераспространения ядерного оружия. Источник https://www.akorda.kz/en/official_documents/strategies_and_programs.
3. Это - один из основополагающих принципов руководства Всемирного банка/ Организации экономического сотрудничества и развития (ОЭСР) по ПСГ (ОЭСР, 2015 год).
4. Концепция основывается на прошлых мерах по повышению потенциала гражданской службы, отмечает основные текущие проблемы и содержит рекомендуемые решения. Дополнительными текущими вызовами, не ограничивающимися холдингом «Байтерек», являются: отсутствие должного взаимодействия граждан и государства, ограниченная эффективность стратегического планирования и подходов к реформам, функции государственного аппарата, не ориентированные на потребности населения и бизнеса, административный характер государственных услуг и неэффективный квазигосударственный сектор.

СПРАВОЧНЫЕ МАТЕРИАЛЫ

Казахстан, 2012 год. Стратегия «Казахстан - 2050». Стратегия развития в разделе «Стратегии и программы». Президент Республики Казахстан. https://www.akorda.kz/en/official_documents/strategies_and_programs

ОЭСР (Организация экономического сотрудничества и развития), 2015 год *Руководство ОЭСР по корпоративному управлению предприятиями в собственности государства*, в редакции 2015 года. Париж: Издательство ОЭСР. http://dx.doi.org/10.1787/9789264244160-en.

3 Институциональные механизмы и расширенное управление

Реформы предприятий в собственности государства (ПСГ) направлены на уточнение роли государства как собственника, снижение фрагментации ответственности между учреждениями и усиление подотчетности за достижение результатов. Такие реформы также должны быть направлены на то, чтобы предоставить советам директоров и правлениям (финансовых) ПСГ расширенную автономию в принятии операционных решений. Важнейшая цель состоит в том, чтобы отделить функции собственника государства от его функций по разработке политики и регулированию, чтобы сосредоточить внимание на вопросах собственности, и свести к минимуму конфликты интересов, которые могут возникнуть при совмещении ролей, особенно в тех сегментах и видах деятельности, в которых участвует частный сектор. Примерами дочерних организаций холдинга «Байтерек», которые функционируют в сегментах рынка с участием частного сектора, включая сегмент финансирования жилищного строительства и сегмент сельскохозяйственного финансирования, являются АО «Аграрная кредитная корпорация» (АКК) и фонд фондов АО «Qazaqstan Investment Corporation» (QIC).

Правительство реализует свои права собственности по различным каналам, допускающим политическое вмешательство. Термин «функция собственника» относится к основным правам и обычным функциям, выполняемым акционерами; она включает, например, право выдвигать (или назначать) членов совета директоров и право голоса на общем собрании акционеров, а также право утверждать финансовую отчетность. Термин «механизм права собственности» обозначает способ, при помощи которого как государство организует себя для реализации своих прав собственности на холдинг «Байтерек». Хотя единственным собственником холдинга «Байтерек» по закону является Министерство национальной экономики (МНЭ), другие министерства принимают участие в активном владении холдингом «Байтерек», входя в совет директоров, определяя стратегические направления холдинговой компании и контролируя деятельность холдинга «Байтерек» в качестве отраслевых министерств. В результате в совете директоров холдинга «Байтерек» концентрируются представители нескольких министерств и создается де-факто политический совет, который выполняет функции наблюдателя за деятельностью холдинговой компании, а также фактически является оперативным руководящим органом. Кроме того, правительство возложило на Комитет государственного имущества и приватизации функции по управлению продажей государственных активов.

Основанием для создания государственных холдинговых компаний является отделение функции собственника государства от политически независимого правления. Такой механизм управления государственной собственностью, в свою очередь, должен обеспечить деполитизацию и расширить операционную независимость ПСГ / финансовых институтов развития (ФИР) под эгидой холдинговой компании. Присутствие министров в составе совета директоров холдинговой компании не является чем-то неординарным; например, организация по управлению собственностью в Перу имеет пять министров в своем совете директоров, состоящем из пяти членов. Однако в некоторых странах от таких советов директоров ожидается, что они имеют в своем составе технических специалистов и являются независимыми. Совет директоров АО «Самрук-Казына», национального холдинга нефинансовых организаций в собственности государства, был создан с учетом таких ожиданий, и холдинг «Байтерек» мог бы рассмотреть возможность использования аналогичной модели. Недавно созданная Grupo Bicentenario, холдинговая компания, занимающаяся вопросами оказания государственных финансовых услуг в Колумбии, является результатом продолжительного политического процесса и представляет собой новый способ интерпретации и управления государственными активами: для достижения консенсуса стороны применяют лучшую практику корпоративного управления, а деятельность государственных финансовых учреждений (ГФУ) изолирована от политического влияния (см. Вставку 3.1).

Если правительство рассмотрит вопрос о пересмотре состава совета директоров и общей организационной структуры холдинга «Байтерек», то оно сможет применить соответствующую передовую практику. Несмотря на то, что соблюдение Кодекса корпоративного управления, как представляется, улучшилось как на уровне холдинговой компании, так и на уровне дочерних организаций, кодекс в меньшей степени содержит рекомендации по практике в масштабах всей группы. Это относится к разработке единой политики группы и реалистичным ожиданиям советов директоров дочерних организаций. Политика управления в масштабах группы также более эффективна, если она поддерживается

ВСТАВКА 3.1

Пример Колумбии: Grupo Bicentenario

Недавно созданная компания «Grupo Bicentenario» (GB), финансовый холдинг государственных финансовых учреждений, подотчетный Министерству финансов (Ministerio de Hacienda y Crédito Público [MHCP]), является третьей по величине финансовой группой в Колумбии. MHCP должно назначать постоянный состав совета директоров и руководителей для GB, обладающих богатым опытом в области финансов, а также наращивать темп деятельности (особенно в связи с назначением совета директоров для государственных финансовых учреждений). Создание GB дает возможность провести масштабный обзор обоснования и деятельности ГФУ и подготовить стратегию реструктуризации группы в целях повышения эффективности, предотвращения дублирования и обеспечения соответствия политическим целям. После реинкорпорации ГФУ в акционерные общества MHCP разрабатывает прозрачный процесс дивидендной политики, механизм мониторинга и оценки (МиО) эффективности и политику корпоративного управления.

Источники: Бернал Девиа, 2019 год; учредительные документы и веб-сайт Grupo Bicentenario https://www.grupobicentenario.gov.co/.

внедренными процедурами, обеспечивающими единообразие практики во всей группе. По этой причине зачастую формируются управленческие подразделения. Холдинг «Байтерек» мог бы рассмотреть возможность создания специального подразделения, которое будет отслеживать достигнутый прогресс в процессе преобразования.

Также важно отметить, что советы директоров *тесно связанных* (напрямую контролируемых) дочерних организаций часто имеют иные потребности в управлении, чем дочерние организации, которые имеют смешанную форму собственности или материнские организации или являются самостоятельными банками. Для советов директоров тесно связанных дочерних организаций остается актуальной формальная независимость; такие советы директоров должны иметь достаточные знания и опыт для выполнения своей функции по надзору, достаточное разнообразие мнений и способность эффективно противопоставлять свое мнение правлению дочерней организации. Наилучшая практика предполагает, что советы директоров материнских организаций должны иметь возможность точно отслеживать управление дочерними организациями.

Комитеты советов директоров также могут способствовать повышению эффективности системы подотчетности. Около десяти лет назад итальянский регулятор рынка капитала ввел требование о том, чтобы комитеты по аудиту выносили заключение о целесообразности (условиях и стратегической согласованности) крупных сделок. Такое требование позволило повысить качество принимаемых решений и оградило членов комитетов от потенциальных обязательств, связанных с фидуциарными обязанностями. Комитеты холдинга «Байтерек» (по воздействию, по рискам, по аудиту, по человеческим ресурсам, см. подробные обсуждения в Главе 4) должны состоять исключительно из независимых членов. Они должны давать заключения по предлагаемым мероприятиям/сделкам в рамках своей компетенции, чтобы гарантировать свою независимость и честность, а также повысить политическую подотчетность совета директоров. Документация по данным мероприятиям должна быть доступна для Высшей аудиторской палаты (ВАП) и ответственного парламентского комитета, как главным контрольным органам, обеспечивающим подотчетность холдинга «Байтерек».

Определение оптимальных экономических отношений с заинтересованными сторонами и акционерами также доказало свою эффективность в решении проблемы подотчетности. Эффективной тенденцией, появившейся, в частности, у вновь созданных банков развития, стало укрепление их отношений с ключевыми заинтересованными сторонами и акционерами. Такое укрепление становится особенно актуальным сейчас, когда холдинг «Байтерек» охватил больше клиентов, увеличил объемы своего долга, а держатели долга со значительными долговыми позициями должны играть соответствующую роль в механизмах подотчетности. Тем не менее, ответственное управление, осуществляемое институциональными инвесторами, которые пользуются международным доверием, принесло очень мало плодов вследствие пассивной роли, которую данные институциональные инвесторы играют, имея позицию в долговом инвестировании. Вхождение в акционерный капитал пассивного инвестора, такого как типичная международная финансовая организация, станет следующим шагом в обеспечении взаимодополняемости в вопросах подотчетности; оно может сыграть дисциплинирующую роль в мониторинге воздействия и эффективности, при этом дивестирование и выход инвестора из акционерного капитала будут крайней мерой воздействия (поскольку они могут выступать в качестве реальной угрозы и действительно могут повлиять на ответственное управление ФИР. Ответственное управление приносит наибольшую пользу, когда институциональный (импакт) инвестор становится активным акционером, входя в акционерный капитал в качестве стратегического инвестора. Имеется принцип непосредственной взаимодополняемости в отношении подотчетности, который может привнести наличие активных держателей акционерного капитала помимо государства. По этой причине многие недавно созданные ФИР с самого начала были сформированы с использованием капитала миноритарных институциональных инвесторов (например, Нигерийский банк развития или Колумбийский инфраструктурный банк). Необходимо согласовать практику на уровне совета директоров, общего собрания, отчетности, чтобы повысить их репрезентативность для новой структуры капитала, и это согласование, в свою очередь, подтолкнет учреждение к принятию более эффективной практики управления.

Структура собственности холдинга «Байтерек» представляется централизованной и децентрализованной одновременно. Хотя единственным законным владельцем холдинга «Байтерек» является МНЭ, процесс формулирования ключевых показателей эффективности (КПЭ) и целевых показателей свидетельствует о согласованных мерах, принимаемых министерствами, которые определяют ожидания в отношении деятельности холдинга «Байтерек». Влияние отраслевых министерств выходит за рамки отраслевой политики. Они играют активную роль в определении стратегии и КПЭ холдинга «Байтерек». Тем не менее, ответственность за формулировку стратегии и целевых показателей КПЭ в конечном итоге должен нести законный владелец (МНЭ) в сочетании с оказывающим поддержку советом директоров, который состоит из профессиональных и независимых игроков. Хотя данный подход «сверху-вниз» позволяет учитывать национальные приоритеты и отраслевые потребности в деятельности холдинга «Байтерек», он также фрагментирует собственность и сокращает сугубо коммерческие взаимоотношения государства с холдинговой компанией.

Международная практика на протяжении многих лет была сосредоточена на разработке уточняющих документов, в которых поясняются отношения между собственником и его организациями. Казахстан эффективно работал над четким разделением портфеля ПСГ на реальную экономику и финансовые услуги. Однако на данном этапе было бы полезно формально уточнить, какую роль должно играть отраслевое министерство для создания баланса, усиливающего централизацию собственности в пользу МНЭ.

Таким образом, рекомендуется прояснить отношения между холдингом «Байтерек» и Правительством Казахстана при помощи политики в области собственности. Политика в области собственности должна разъяснять, как обоснование участия Правительства в определенных сегментах экономики (обоснование государственной собственности), так и возможности получения дивидендов. Согласно постановлению 2015 года относительно дивидендов, холдинг «Байтерек» должен отчислять 70% доходов государству, что довольно много по сравнению с международной практикой. Такая политика сказывается на деятельности, стратегическом руководстве и возможностях реинвестирования. По сути, пересмотр политики выплаты дивидендов мог бы стать еще одним источником усиления независимости холдинга «Байтерек» от побочного влияния министерств. Например, если ожидается, что холдинг «Байтерек» будет расти и расширять некоторые области своей поддержки, такие как благоприятные для рынка кредитные гарантии, то в течение следующих четырех-пяти лет дивидендная политика может быть скорректирована таким образом, чтобы рекапитализированная прибыль обеспечивала данный рост, а объемы бюджетных средств, перечисляемых в соответствии со среднесрочными прогнозами расходов, снижались наравне с уровнем участия отраслевых министерств в прямых переговорах по КПЭ и целевым показателям холдинга «Байтерек». Для определения состава совета директоров необходимы более реалистичные ожидания в соответствии с Руководством Организации экономического сотрудничества и развития (ОЭСР) по управлению ПСГ, согласно которому государство выступает в роли информированного и активного собственника, который предоставляет холдингу «Байтерек» операционную автономность для достижения поставленных целей и воздерживается от вмешательства в управление им (ОЭСР, 2015 год).[1]

Эффективным инструментом, который может еще больше укрепить отношения между правлением холдинговой компании и правительством посредством акцентирования воздействия, является продуманный контракт, ориентированный на результат. Можно было бы рассмотреть возможность уделять больше внимания контрактам, ориентированным на результат, с руководителями высшего звена. Контракты, ориентированные на результат, предназначены для того, чтобы обеспечить подотчетность руководства за выполнение целевых показателей и ключевых показателей эффективности, и структура таких контрактов продолжает совершенствоваться (Торн и Дю Туа, 2009 год). Холдинг «Байтерек» начал разрабатывать и подписывать контракты, ориентированные на результат, с основными руководителями. МНЭ ежегодно проводит мониторинг деятельности, который необходим для оценки операций холдинга «Байтерек» каждые три года.[2] Контракты, ориентированные на результат, в прошлом давали смешанные результаты, что было связано с рядом факторов, включая целевые показатели, которые трудно оценить сторонним лицам или легко достичь предприятию, большое количество и частые изменения целевых показателей, а также отсутствие механизмов подотчетности для обеспечения соблюдения контрактов (Симпсон, 2013 год; Симпсон и Буабенг, 2013 год). Холдингу «Байтерек» необходимо учесть три аспекта международной надлежащей практики при совершенствовании контрактов, ориентированных на результат. Во-первых, контракты, ориентированные на результат, должны включать меньшее число КПЭ (не более пяти-девяти КПЭ) с целевыми показателями по финансовым, потребительским, операционным и организационным параметрам. Во-вторых, целевые показатели каждого КПЭ должны сравниваться с сопоставимыми международными аналогами, а правление должно нести ответственность за надлежащее выполнение КПЭ и отчетность по ним для рынка. В-третьих, необходимо ежеквартально проводить обзоры эффективности деятельности предприятий для выявления любых серьезных недостатков и разработки планов действий по дальнейшему повышению эффективности.

Количественная оценка политических (программных) обязательств и определение более совершенных показателей эффективности могут обеспечить большую целенаправленность и ясность в отношении того, как ведется деятельность холдинга «Байтерек» и разрабатываются контракты, ориентированные на результат. Текущие проблемы с мониторингом эффективности связаны с количественным определением политических (программных) обязательств, которые, как правило, размываются соображениями коммерческого бюджета; эта двойственность подрывает меры по достижению баланса между коммерческими и социально-экономическими (а также экологическими) целями. В том же смысле в текущих контрактах, ориентированных на результат, при помощи используемых показателей можно было бы отразить роль, которую холдинг «Байтерек» должен играть в сфере развития. Соглашение, ориентированное на результат, используемое Корейским банком развития (KDB) может пролить свет как на количественную оценку, так и на структуру показателей (Вставка 3.2).

Индекс развития проекта, в настоящее время тестируемый БРК, является важным шагом в правильном направлении. Этот новый инструмент, используемый в холдинговой компании и в регионе, не должен рассматриваться как ключевой критерий. Он предназначен для учета в процессе принятия решений и может быть использован в контрактах, ориентированных на результат. Индекс развития проекта аналогичен индексу экономического развития, однако его конкретная методология пока не раскрывается.

ВСТАВКА 3.2

Корейский банк развития

В 2014 году в Корее для руководителей ПСГ были введены соглашения, ориентированные на результат. Ежегодные оценки эффективности деятельности проводит Комиссия по финансовым услугам. Показатели оценки являются как количественными, так и качественными и касаются общих функций управления, а также основных проектов. Показатели управления относятся к реализации стратегии, финансовым показателям, управлению человеческими ресурсами и удовлетворенности клиентов. Показатели проектов включают достижение целевых уровней финансирования, финансовые показатели проектов, уровни просроченной задолженности по кредитам, поддержку корпоративной реструктуризации и рост малых и средних предприятий (МСП). Отчет об оценке эффективности используется для определения премий для руководства и сотрудников, а также для принятия решений относительно продолжения трудовых отношений с генеральным директором. Например, стратегические цели последней Стратегии на 2019-2023 годы основываются на стратегических задачах, по которым оценивается эффективность управления (Таблица B3.2.1).

ТАБЛИЦА B3.2.1. Стратегические цели и задачи Корейского банка развития

СТРАТЕГИЧЕСКИЕ ЦЕЛИ	СТРАТЕГИЧЕСКИЕ ЗАДАЧИ
Обеспечение инновационного процесса и роста	• Продвижение новых отраслей и технологий • Создание ведущей платформы венчурного капитала • Укрепление роли в качестве поставщика венчурного капитала
Поддержка реорганизации промышленной экосистемы	• Содействие в повышении конкурентоспособности основных отраслей промышленности • Содействие в переходе руководства корпорацией от поколения к поколению
Повышение конкурентоспособности глобального и инвестиционного банковского бизнеса	• Расширение операционной базы для глобальных операций • Повышение прибыльности глобальных операций • Глобализация операций ИБ и расширение поддержки за счет политического финансирования
Продвижение новых направлений финансирования политики	• Активный поиск новых потребностей в финансировании политики • Подготовка к новой экономической эре на Корейском полуострове
Создание устойчивых и стабильных операционных основ	• Проведение цифровой трансформации на уровне банка • Наращивание потенциала стабильного генерирования доходов • Внедрение инноваций в процессы организации и внутренние процессы

Источник: KDB, 2021 год.
Примечание: ИБ = инвестиционный банк.
А. Сайт Корейского банка развития, https://www.kdb.co.kr/index.jsp.

Остаются две финансовые компании, находящиеся в собственности государства, которые холдинг «Байтерек» мог бы включить в свой портфель. Инвестиционными компаниями являются ТОО «Самрук-Қазына Инвест» и АО «НК «Kazakh Invest». Обе компании имеют представителей в каждом регионе и финансируют региональные инвестиционные проекты, но компании не обладают финансовыми инструментами для привлечения иностранных инвестиций. У них имеются региональные офисы, которым они могут поручить осуществление инвестиционных функций. В принципе, холдингу «Байтерек» необходимо интегрировать все (по крайней мере, отечественные/не входящие в Международный финансовый центр «Астана» [МФЦА][3]) ФИР в свою структуру, чтобы способствовать внедрению передовых методов управления в таких государственных учреждениях и компаниях и обеспечить подотчетность по вопросам воздействия. Он также потенциально мог бы включить некоммерческое государственное акционерное общество по страхованию жизни, страхованию аннуитета и страхованию от несчастных случаев.[4] Вместе со страхованием экспорта и импорта и сельскохозяйственным страхованием интеграция этой компании в холдинг «Байтерек» может помочь развить специализирующие на страховании ГФУ, которые могут быть с пользой дополнены операциями по развитию рынка и распространению страхования от природных катастроф, что является большой проблемой в области развития для Казахстана (Всемирный банк, 2020 год).

Некоторые государственные организации, а также частные финансовые аудиторы играют определенную роль в надзоре за деятельностью холдинга «Байтерек» и в обеспечении подотчетности в его операциях. Взяв на себя ведущую роль в разработке политики, координируя формулировку КПЭ, целевые показатели КПЭ и сроки выполнения мероприятий холдинга «Байтерек», МНЭ также выполняет функцию надзора над холдингом «Байтерек» в качестве единственного законного собственника. Интервью показывают, что для привлечения и удержания профессиональных кадров необходимо решить проблему дефицита кадров и структуры заработной платы. В дополнение к МНЭ, ВАП также выполняет дополнительную надзорную функцию и обеспечивает подотчетность в деятельности холдинга «Байтерек». ВАП подверглась сокращению и в настоящее время предпринимает меры, чтобы завершить цикл аудита и устранить задержки в выполнении графика анализа, например, к августу 2022 года годовой отчет холдинга «Байтерек» за 2021 год еще не был опубликован. Задержки и недостаточный потенциал ВАП сказываются на роли парламентского комитета по финансам и бюджету, который является высшим государственным инструментом правоприменения в случае обнаружения несоответствий в финансовой отчетности и сомнительных результатов измерения воздействия. Слабые стороны анализа финансовой отчетности также влияют на работу Департамента политики управления обязательствами государства, Департамента бюджетной политики МНЭ и Комитета государственного имущества и приватизации, которые играют ключевую роль в продаже государственных активов. Кроме того, все организации холдинга «Байтерек» подлежат внешнему финансовому аудиту, как и сама холдинговая компания. Помимо надежного аудита финансовой отчетности профессиональным аудиторам следует заниматься отчетами о воздействии холдинга «Байтерек», используя опубликованные КПЭ и целевые показатели. В таблице 3.1 показаны предлагаемые меры, ответственные организации и ожидаемые результаты.

ТАБЛИЦА 3.1 Рекомендации: Институциональные механизмы и расширенное управление

МЕРОПРИЯТИЕ	ОТВЕТСТВЕННАЯ ОРГАНИЗАЦИЯ	ОЖИДАЕМЫЙ РЕЗУЛЬТАТ
Разработка политики с целью обоснования права собственности для государственной холдинговой компании и определения отношений между государством и холдингом «Байтерек»	Правительство и МНЭ	Реализация политики в области собственности в соответствии с передовой международной практикой
Пересмотр контрактов, ориентированных на результат	МНЭ (и совет директоров для руководства холдинга «Байтерек»)	Повышение эффективности деятельности и подотчетности независимых членов совета директоров и профессиональных руководителей.

Источник: Всемирный банк.

ПРИМЕЧАНИЯ

1. Сфера применения политики собственности в нескольких юрисдикциях выходит за пределы одного сектора, в котором присутствует государство, и включает диверсификацию портфеля ПСГ, с тем чтобы сосредоточиться на коммерческих операциях государства независимо от их ориентированности на реальный или финансовый сектор. Предлагается, чтобы эта единая политика охватывала все виды коммерческой деятельности государства, включая холдинг «Байтерек».
2. Полезным элементом мониторинга эффективности является сравнение (бенчмаркинг) с отраслевыми стандартами и компараторами. Этот элемент позволяет выявлять пробелы и резервы для совершенствования. Он все еще недостаточно развит во многих странах с формирующимся рынком, но субъекты собственности начинают стремиться сравнивать свои показатели эффективности с соответствующими аналогичными организациями как с отечественные, так и иностранными.
3. Международный финансовый центр «Астана» (МФЦА) — региональный финансовый центр в Астане, Казахстан, официально открытый 5-го июля 2018 года. Конституционный закон «О Международном финансовом центре «Астана», утвержденный 7-го декабря 2015 года, создает нормативно-правовую базу для функционирования МФЦА, а также благоприятные условия для его участников.
4. См. веб-сайт компании по адресу: https://www.gak.kz/about.

СПРАВОЧНЫЕ МАТЕРИАЛЫ

Бернал Девия С.Л., 2019 год «Análisis del nuevo holding estatal de servicios financieros en Colombia [Анализ нового холдинга государственных финансовых услуг в Колумбии], рабочий документ, Военный университет Новой Гранады, Богота. https://repository.unimilitar.edu.co/handle/10654/36181.

KDB (Корейский банк развития), 2021 год. «Годовой отчет за 2021 год» https://vpr.hkma.gov.hk/statics/assets/doc/200110/ar_21/ar_21_eng.pdf.

ОЭСР (Организация экономического сотрудничества и развития), 2015 год *Руководство ОЭСР по корпоративному управлению предприятиями в собственности государства*, в редакции 2015 года. Париж: Издательство ОЭСР.http://dx.doi.org/10.1787/9789264244160-en.

Симпсон С.Н.У., 2013 год. Контракт, ориентированный на результат, и оценка эффективности работы государственных предприятий: взгляд со стороны теории постановки целей». *Журнал государственного администрирования и управления* 3 (2): 22–39.

Симпсон С.Н.У. и Т. Буабенг, 2013 год. «Контракт, ориентированный на результат, и эффективность работы государственных предприятий: изучение процессов реализации.» *Журнал государственного администрирования и управления* 3 (2): 10–21.

Торн Дж. и К. Дю Туа, 2009 год. «Макроструктура успешных банков развития.» *Развитие Южно-Африканской Республики, 26 (5):* 677–94.

Всемирный банк, 2014 год *Корпоративное управление предприятиями в собственности государства: инструментарий.* Вашингтон, федеральный округ Колумбия: Всемирный банк.

Всемирный банк, 2020 год «Казахстан: Фонд страхования рисков природных катастроф в Юго-Восточной Европе и Центральной Азии.» Отчет о завершении реализации и достигнутых результатах ICR5056, Всемирный банк, Вашингтон, округ Колумбия. https://documents1.worldbank.org/curated/en/418831594399210904/pdf/Kazakhstan-Southeast-Europe-and-Central-Asia-Catastrophe-Risk-Insurance-Facility-Project.pdf.

4 Управление холдингом «Байтерек»

Эта глава включает три подраздела. В первом разделе рассматриваются ключевые принципы управления, представленные в Руководстве Организации экономического сотрудничества и развития (ОЭСР) по корпоративному управлению предприятиями в собственности государства (ПСГ), применительно к акционерному обществу (АО) «Национальному управляющему холдингу «Байтерек». Во втором разделе представлен сравнительный анализ структуры управления государственных финансовых холдинговых компаний на отдельных развитых и развивающихся рынках. На основе этого анализа в третьем разделе представлены подробные рекомендации по реформированию структуры управления холдинга «Байтерек».

РУКОВОДСТВО ОЭСР ПО КОРПОРАТИВНОМУ УПРАВЛЕНИЮ ПРЕДПРИЯТИЯМИ В СОБСТВЕННОСТИ ГОСУДАРСТВА

Руководство ОЭСР по корпоративному управлению ПСГ основано на фундаментальном принципе, согласно которому государство действует как информированный и активный собственник (ОЭСР, 2015 год, далее " Руководство"). То есть, государство обеспечивает, чтобы управление ПСГ осуществлялось прозрачным и подотчетным образом, с высокой степенью профессионализма и эффективности. Исходя из этого принципа, в Руководстве указывается, что функция реализации права собственности должна быть четко определена в рамках государственного управления. Реализация прав собственности должна быть централизована в едином субъекте собственности или, если это невозможно, осуществляться координирующим органом. Такой «орган по реализации прав собственности» должен обладать потенциалом и компетенцией для эффективного выполнения своих обязанностей (см. Главу 3).

Руководство предусматривает, что правительство предоставляет ПСГ полную операционную автономию для достижения поставленных перед ними целей и воздерживается от вмешательства в управление ПСГ. В частности, правительству как акционеру следует избегать практики, когда задачи ПСГ переопределяются устанавливаются непрозрачным способом. В Руководстве также говориться, что государство должно давать возможность советам директоров ПСГ выполнять свои обязанности и соблюдать право на независимость. Действие данного Руководства в полной мере должо распространятся на холдинг «Байтерек» и его дочерние организации как ПСГ.

СРАВНЕНИЕ С ГОСУДАРСТВЕННЫМИ ФИНАНСОВЫМИ ХОЛДИНГОВЫМИ КОМПАНИЯМИ В ОТДЕЛЬНЫХ СТРАНАХ

В данном разделе рассматривается структура управления государственных финансовых холдинговых компаний на отдельных развитых и развивающихся рынках с целью сравнительного анализа для холдинга «Байтерек». Сравнительный анализ охватывает Temasek Holding в Сингапуре; Khazanah National в Малайзии; Caisse des Dépôts et Consignations (CDC) во Франции; Casa de Depositi e Prestiti (CDP) в Италии; Banco Nacional de Desenvolvimento (BNDES) в Бразилии; и Банк развития Южно-Африканской Республики (DBSA).

Temasek Holding (Сингапур)

Компания «Temasek Holding» была зарегистрирована в соответствии с Законом о компаниях Сингапура в 1974 году и несет ответственность за владение и коммерческое управление инвестициями и активами, ранее принадлежавшими правительству Сингапура. Temasek на 100% принадлежит Министерству финансов и полностью ему подотчетен. Единственным акционером Temasek является министр финансов, зарегистрированный как корпорация (Inc.), т.е. юридическое лицо, учрежденное в соответствии с Актом об учреждении министра финансов Сингапура в качестве корпорации. Однако в соответствии с Конституцией и законами Сингапура ни президент, ни министр финансов Сингапура не участвуют в принятии инвестиционных решений, решений о выходе или других операционных решений, за исключением защиты собственных резервов в Temasek за прошлые периоды. Все инвестиционные и операционные решения принимаются советом директоров и должностными лицами Temasek. Единственным исключением является то, что согласно Конституции Сингапура, совет директоров Temasek должен получить одобрение президента до того, как произойдет снятие средств с резервов прошлых периодов Temasek. Компании в портфеле Temasek координируются и управляются их соответствующими советами директоров и правлениями, при этом сам Temasek Holding не дает указаний в отношении их коммерческих решений или операций.

Совет директоров и правление Temasek состоят из независимых профессионалов с большим опытом работы в различных отраслях как частного, так и государственного секторов в Сингапуре и за рубежом. Министр финансов несет ответственность за назначение, продление срока или снятие с должности членов совета директоров с согласия президента. В настоящее время совет директоров состоит из 14 членов. Совет директоров назначает CEO холдинговой компании и генеральных директоров ПСГ, входящих в группу компаний холдинга, также с согласия президента.

Khazanah National (Малайзия)

Khazanah National была зарегистрирована как компания с ограниченной ответственностью в соответствии с Законом о компаниях в 1993 году в качестве инвестиционного холдинга правительства Малайзии для отделения функций владения от функций надзора за ПСГ. Первоначальная миссия Khazanah заключалась в содействии экономическому росту и осуществлении стратегических инвестиций от имени правительства. Ее полномочия были обновлены в 2004 году с целью перехода на более инициативный инвестиционный подход, направленный на повышение результативности существующих холдингов при одновременном поиске возможностей в новых секторах экономики и географических регионах.

За исключением одной акции, принадлежащей председателю комиссии по федеральным землям, все остальные акции принадлежат министру финансов, зарегистрированному как корпорация (Inc.), юридическому лицу, созданному в соответствии с Актом об учреждении министра финансов в качестве корпорации от 1957 года. В соответствии с Актом об учреждении на данный момент на министра финансов возложена ответственность за финансы в качестве юридического лица под названием «Министр финансов». Khazanah владеет акциями более чем 50 корпораций с государственным участием, в которых государство имеет прямой контрольный пакет акций в различных секторах.

Khazanah управляется советом директоров из девяти членов, включающим экспертов как из государственного, так и из частного секторов. Председателями совета директоров являются премьер-министр и министр финансов, при этом вспомогательные функции осуществляют исполнительным комитетом и комитетом по аудиту. Таким образом, министр финансов действует и в качестве единственного владельца Khazanah, и в качестве Министра финансов, являющегося корпораций (Inc.), и в качестве сопредседателя совета директоров Khazanah. Группа высшего руководства отвечает за реализацию и достижение стратегических и корпоративных целей и состоит из 19 профессионалов с опытом работы в финансовом секторе.

Caisse des Dépôts et Consignations (Франция)

Caisse des Dépôts et Consignations (CDC) была учреждена французским парламентом как государственное финансовое учреждение в 1816 году. CDC осуществляет четыре основных вида деятельности: Во-первых, банк «Banque des Territoires», созданный в 2018 году, предлагает консультационные и финансовые решения в виде кредитов и инвестиций для удовлетворения потребностей местных исполнительных органов, организаций в сфере социального жилья, местных государственных компаний и юристов; Во-вторых, директорат по пенсиям и социальному страхованию, который управляет 65 пенсионными фондами и фондами социального страхования. В-третьих, департамент управления активами, который управляет финансовыми инвестициями в облигации, акции, инвестициями в незарегистрированные компании, недвижимость и леса. В-четвертых, департамент стратегических инвестиций отвечает за операции по приобретению, созданию и реализации непрофильных активов примерно в 20 компаниях, в которых CDC имеет контрольный пакет акций. Кроме того, у CDC есть две специализированные дочерние организации: BPI France, которая предлагает финансирование в виде кредитов, гарантий, инвестиций в собственный капитал и консультирование компаний на всех этапах их развития, на данный момент уже оказала поддержку более 300 000 компаний с момента своего создания; и La Poste Group, которая предлагает банковские услуги населению Франции в качестве местной организации, работающей в регионах.

Управление CDC основано на двух ключевых принципах: «независимость» наблюдательного совета и автономия генерального директора (ГД). Наблюдательный совет отвечает за надзор над управлением группой и решениями ГД. Он состоит из 16 членов: пять депутатов парламента (три депутата нижней палаты и два сенатора); пять членов, назначаемых Парламентом; два представителя сотрудников CDC; генеральный директор казначейства; и три члена, назначаемые государством. Необходимо соблюдать правило гендерного равенства. Наблюдательный совет осуществляет свою деятельность при поддержке генерального секретариата. У нее имеется пять специализированных комитетов: комитет по аудиту и рискам; комитет по сбережениям; комитет по инвестициям; комитет по назначениям и вознаграждениям; и комитет по стратегии. Председатель совета директоров является членом парламента.

ГД председательствует в исполнительном комитете, который является основным органом управления CDC. ГД назначается президентом сроком на пять лет после утверждения парламентом. ГД определяет стратегию CDC, контролирует ее операционную результативность и следит за тем, чтобы предлагаемые услуги соответствовали потребностям клиентов, партнеров и пользователей.

Cassa de Depositi e Prestiti (Италия)

Cassa de Depositi e Prestiti (CDP) была учреждена парламентом Королевства Сардиния в 1850 году первоначально для мобилизации средств, полученных государством через каналы частных сбережений, на модернизацию коммунального хозяйства. После объединения Италии в 1863 году CDP постепенно расширила свою роль до уровня финансовой холдинговой компании, находящейся в ведении Министерства финансов. В 2003 году она была преобразована в акционерное общество, находящееся в государственной собственности. В Группу CDP входят семь компаний: (i) CDP Equity отвечает за инвестиции в акционерный капитал итальянских компаний с целью достижения роста, конкурентоспособности и интернационализации; (ii) CDP Reti ответственна за управление инвестициями в акционерный капитал объектов стратегической инфраструктуры в газовом и электроэнергетическом секторах; (iii) CDP Industria отвечает за управление инвестициями в крупные итальянские промышленные компании; (iv) Fintecna отвечает за управление инвестициями в акционерный капитал и специальными механизмами управления процессами ликвидации; (v) Simest отвечает за поддержку роста итальянских компаний за счет интернационализации их хозяйственной деятельности; (vi) CDP Immobiliare отвечает за инвестиции в развитие недвижимости, и (vii) CDP Immobiliare SGR несет ответственность за поддержку жилищной политики, увеличение государственных активов и развитие туристического сектора.

Совет директоров CDP координирует и задает вектор деятельности группы компаний при поддержке внутренних комитетов и под надзором контролирующих органов. Совет состоит из девяти членов, включая генерального директора казначейства, начальника государственной финансовой службы и трех представителей регионов, провинций и муниципалитетов. На заседаниях Совета присутствует судья Счетной палаты. При принятии решений совет опирается на поддержку пяти внутренних комитетов с консультационными и совещательными функциями, включая: (i) Комитет по рискам и устойчивости; (ii) Комитет по назначениям; (iii) Комитет по вознаграждениям; (iv) Комитет по аффилированным сторонам; и (v) Комитет поддержки неконтролирующих акционеров. В частности, Комитет по рискам и устойчивости выполняет функции контроля и обеспечивает руководство по управлению рисками и устойчивому развитию.

К органам контроля относятся Наблюдательный совет Комиссии ревизоров и Наблюдательный комитет Парламента. Наблюдательный совет Комиссии ревизоров состоит из пяти постоянных аудиторов и двух замещающих. Наблюдательный комитет Парламента состоит из членов парламента (представители Палаты депутатов и Сената) и непарламентских членов (представители Государственного совета и Государственной счетной палаты).

Banco Nacional de Desenvolvimento (Бразилия)

Banco Nacional de Desenvolvimento (BNDES) является основным агентством по финансированию развития в Бразилии. С момента своего основания в 1952 году BNDES играл основополагающую роль в стимулировании развития промышленности и инфраструктуры в стране. В процессе эволюции данной организации акцент операционной деятельности сместился в поддержку экспорта, технологические инновации, устойчивое социально-экономическое развитие и модернизацию государственного управления.

BNDES имеет две дочерние компании: FINAME и BNDESPAR. Ресурсы FINAME предназначены для финансирования, операций по покупке, продаже и экспорту бразильской техники и оборудования, а также для импорта аналогичных товаров, произведенных за рубежом. BNDESPAR — это бизнес-корпорация, отвечающая за операции по капитализации предприятий, контролируемых частными группами, в строгом соответствии с планами и политикой BNDES. Кроме того, BNDESPAR несет ответственность за содействие в укреплении рынка капитала в Бразилии путем расширения предложения ценных бумаг и демократизации владения капиталом компаний.

BNDES имеет корпоративный совет директоров, который контролируется Налогово-бюджетным советом, состоящим из представителей сторонних организаций. Она также включает Консультативный совет, состоящий из представителей правительства и гражданского общества. Будучи финансовым учреждением, BNDES является объектом надзора со стороны Центробанка Бразилии (BACEN) и на него распространяются нормы и постановления Национального валютного совета (CMN). Кроме того, его счета проверяются Федеральной счетной палатой (TCU), вспомогательной организацией Национального конгресса, а его бизнес-процессы подвергаются аудиту со стороны Управления Генерального контролера (CGU).

Члены совета директоров избираются Общим собранием BNDES. Требования относительно независимости членов совета отсутствуют. Совет директоров имеет широкий круг обязанностей в отношении общей корпоративной стратегии и надзора за деятельностью, создания и надзора за дочерними организациями и назначения членов Комитета по аудиту, Комитета по вознаграждениям и Комитета по правомочности. Налогово-бюджетный совет выполняет функции надзора за действиями совета, включая утверждение годового плана работы, обзор финансовой отчетности, обзор отчетов службы внутреннего контроля и обзор годового отчета. Комитет по аудиту выдает заключение о найме и увольнении независимых аудиторов BNDES и его дочерних организаций, оценивает эффективность внутреннего и независимого аудита и составляет годовой отчет Комитета по аудиту.

Банк развития Южно-Африканской Республики

Банк развития Южно-Африканской Республики (БРЮАР) является государственным институтом развития, учрежденным в соответствии с Законом о Банке развития ЮАР от 1997 года. Его полномочия включают содействие экономическому развитию и росту, развитию человеческих ресурсов и наращиванию институционального потенциала путем привлечения финансовых и других ресурсов из национального и международного частного и государственного секторов для проектов и программ устойчивого развития в Южной Африке и на более широком африканском континенте. БРЮАР не имеет дочерних организаций.

Министерство финансов выступает в качестве единственного акционера БРЮАР. Состав и правила деятельности совета директоров БРЮАР регулируются Законом о БРЮАР и дополнительно регулируются Законом об управлении государственными финансами и принципами отчета "King IV". Члены совета директоров назначаются министром финансов из частного и государственного секторов на основании требований к уровню образования и профессионального опыта. В настоящее время совет состоит из двух исполнительных директоров и восьми независимых неисполнительных членов совета директоров, один из которых является председателем совета. Два исполнительных директора, а именно главный исполнительный директор и главный финансовый директор БРЮАР, также являются членами правления. Требование о политической независимости исполнительных директоров отсутствует.

Правление имеет широкие полномочия по надзору за руководством БРЮАР. В его состав входят шесть комитетов, в частности: по аудиту и рискам, кредитам и инвестициям, человеческим ресурсам и вознаграждению, обеспечению инфраструктурой и знаниям, социальным вопросам и этике, а также назначениям.

Оценка соответствия отобранных холдинговых компаний Руководству ОЭСР

Среди рассматриваемых государственных финансовых холдингов Temasek имеет самый высокий уровень соответствия Руководству ОЭСР. Совет директоров и правление полностью состоят из профессионалов из частного и государственного секторов и не включают политических назначенцев, что обеспечивает независимость холдинговой компании и ее изоляцию от политического влияния. Министр финансов, выступающий в качестве корпорации, несет ответственность за выдвижение и отстранение членов совета при условии одобрения президентом. Согласно Конституции, министр финансов и президент не участвуют в принятии инвестиционных решений, решений о выходе или других операционных решений, принимаемых Temasek.

Khazanah national в меньшее мере соответствует требованиям Руководства. Как и в случае с Temasek, совет директоров и правление состоят из профессионалов из частного и государственного секторов. Однако сопредседателями совета являются премьер-министр и министр финансов; таким образом холдинговая компания меньше изолирована от политического влияния, чем Temasek.

Caisse des Dépôts et Consignations еще меньше соответствует требованиям Руководства по сравнению как с Temasek, так и Khazanah National. Из 16 членов совета директоров пятеро являются представителями Парламента, что снижает степень политической независимости холдинговой компании.

Cassa de Depositi e Prestiti также меньше соответствует требованиям Руководства, чем Temasek или Khazanah National. Трое из девяти членов совета директоров являются представителями регионов, провинций и муниципалитетов, что снижает степень политической независимости холдинговой компании.

Banco Nacional de Desenvolvimento и Банк развития Южно-Африканской Республики также меньше соответствует требованиям Руководства ОЭСР, чем Temasek или Khazanah National. BNDES не выдвигает никаких требований о том, чтобы члены совета директоров были политически независимыми, и хотя большинство членов совета директоров DBSA являются независимыми неисполнительными директорами, нет никаких требований к политической независимости исполнительных директоров в совете директоров.

РЕКОМЕНДАЦИИ ПО РЕФОРМИРОВАНИЮ СТРУКТУРЫ УПРАВЛЕНИЯ ХОЛДИНГА «БАЙТЕРЕК»

Существующая структура управления холдинга «Байтерек» не отвечает принципам Руководства ОЭСР по управлению ПСГ и не соответствует передовой международной практике. Совет директоров холдинга «Байтерек» в настоящее время является политическим, возглавляется премьер-министром. Только трое из 10 членов должны быть политически независимыми. Законодательство, регулирующее управление квазифискальными учреждениями, потребуется коренным образом пересмотреть с целью обеспечения достаточной независимости управления ПСГ и изоляции его от политического вмешательства.

По сути, есть два основных варианта улучшения структуры управления холдинга «Байтерек». В нынешнем контексте страны институциональные варианты 1 и 2 могли бы работать более эффективно. Вариант 3 считается вторым по значимости.

- *При первом варианте совет директоров холдинга «Байтерек» становится полностью политически независимым, а уровень организации, осуществляющей права собственности (в настоящее время - МНЭ), будет поднят до уровня премьер-министра.* При этом варианте премьер-министр (по согласованию со всеми соответствующими министерствами) курирует совет директоров холдинга «Байтерек» в части видения, ключевых задач и результатов, так как они опираются на национальную стратегию развития. Основной механизм подотчетности через парламентский комитет по финансам и бюджету и ВАП сохраняется, но подкрепляется периодическими независимыми оценками воздействия на развитие, проводимыми или организуемыми Агентством по стратегическому планированию и реформам (АСПИР) в соответствии с своими полномочиями. Он предусматривает расширение производства и раскрытия холдингом «Байтерек» данных в интересах и для оценки неправительственными организациями (НПО), рынками и мировым сообществом (см. Главу 8).
- Второй вариант, возможно, более политически целесообразный, заключается в изменении состава совета директоров таким образом, чтобы независимые директора представляли большинство. Этот вариант подробно

рассматривается ниже. В соответствии с этим вариантом, политика собственности государства, включая указания, проводится непосредственно советом директоров, тогда как советы директоров дочерних предприятий холдинга «Байтерек» будут изолированы от политического влияния за счет того, что их советы директоров будут состоять только из независимых членов. На уровень совета директоров холдинга «Байтерек» не поднимаются никакие одобрения, связанные с операционной деятельностью, в том числе одобрение крупных инвестиций, финансовых решений, увольнений и найма персонала, среди прочего. Совет директоров будет играть более пассивную роль, чем та, которую он имеет в настоящее время, а сотрудники МНЭ из подразделения, имеющего права владения и управления государственным пакетом акций холдинга «Байтерек», могут перейти в секретариат совета директоров. Основной механизм подотчетности через парламентский комитет по финансам и бюджету и Высшую аудиторскую палату (ВАП) будет усилен и дополнен периодическими независимыми оценками воздействия на развитие, проводимыми или организуемыми ВАП или АСПИР в соответствии с их полномочиями, а также производством и раскрытием большего количества данных в интересах и для оценки НПО, рынками и мировым сообществом (см. Главу 3).

- Третий вариант заключается в изменении состава совета директоров за счет *включения в него должным образом защищенных гражданских служащих в качестве политически независимых представителей государства в составе совета директоров холдинга «Байтерек» , а также международных независимых директоров или других независимых директоров, не состоящих на гражданской службе*. Для реализации этого варианта потребуется наличие эффективного кодекса гражданской службы и системы защиты старших государственных служащих. Такая практика в настоящее время отсутствует в Казахстане и не может быть принята в краткосрочной и среднесрочной перспективе.

Согласно второму варианту, совет директоров холдинга «Байтерек» может состоять из девяти директоров, большинство из которых являются независимыми. В основной состав из девяти директоров войдут: премьер-министр (председатель совета директоров), министр национальной экономики, министр финансов, представитель администрации президента и пять независимых директоров. Независимые директора будут привлекаться из частного и неправительственного секторов (как отечественных, так и иностранных) на основе открытого международного конкурса. Конкурсный отбор будет проводиться авторитетной международной частной рекрутинговой компанией. Проверка на профессиональную пригодность, добросовестность и независимость отобранных кандидатов будет проводиться авторитетной международной компанией по комплексной экспертизе благонадежности (КЭБ). Эта проверка имеет решающее значение для повышения добросовестности и укрепления политической независимости совета директоров и должно рассматриваться в качестве регулярных бюджетных расходов холдинга «Байтерек», осуществляемых отделом собственности. Независимые члены совета директоров будут назначаться на пятилетний срок, который не продлевается.

Члены совета директоров должны отбираться на основе прозрачных критериев, включающих сведения об образовании и профессиональный опыт в сочетании, необходимом для охвата всех направлений деятельности холдинга «Байтерек»: кандидаты должны иметь опыт в таких сферах, как коммерческое финансирование, финансирование развития (социально ответственное предприятие) и предоставление субсидий на финансовые услуги, а также дополнительный отраслевой опыт, соответствующий основным отраслевым направлениям бизнеса холдинга «Байтерек». Кандидаты должны иметь степень магистра или эквивалентную ему степень в области экономики, финансов, корпоративного права и(или) и иметь не менее 15 лет опыта работы по крайней мере в одной из следующих областей: (i) управление холдинговой компанией государственного финансового сектора; (ii) управление приватизацией государственных финансовых учреждений; (iii) экономический анализ инвестиционных проектов, включая оценку ставки доходности для экономики страны и воздействия проекта на основе передовой международной практики; и (iv) разработка, таргетирование и управление субсидиями для финансовых учреждений и услуг при минимизации рыночных искажений.

Обязанности совета директоров могут включать:

- Обсуждение и утверждение консолидированной стратегии и бизнес-плана холдинговой компании
- Утверждение планов развития и бизнес-планов дочерних организаций
- Утверждение полугодовых отчетов о деятельности дочерних организаций
- Разработка и утверждение консолидированной схемы управления рисками, комплаенса и внутреннего аудита
- Утверждение политики на уровне группы холдинга, в том числе, по устойчивости/ЭСУ (экологическим, социальным и управленческим) аспектам и по постановке консолидированных целей.
- Мониторинг эффективности группы холдинга в сравнении с установленными критериями и стратегиями
- Утверждение финансовой и нефинансовой информации, подлежащей раскрытию на консолидированном уровне
- Утверждение годового отчета холдинговой компании
- Назначение и освобождение от должности ключевых руководителей на уровне холдинга «Байтерек»
- Определение политики оплаты труда в холдинге «Байтерек» и принципов, применимых к политике оплаты труда во всей группе холдинга

Совет директоров создаст специализированные комитеты советов директоров, состоящие исключительно из независимых директоров (в соответствии с принципами ОЭСР управления ПСГ [ОЭСР, 2015 год]). Комитеты будут иметь следующие обязанности:

- *Комитет по воздействию* будет отвечать за консультирование совета директоров по вопросам утверждения системы измерения воздействия холдинга «Байтерек», охватывающей как бенефициаров и создание рынка, так и анализ эффективности воздействия.
- *Комитет по рискам, комплаенсу и гарантиям безопасности* будет отвечать за консультирование совета директоров по вопросам, связанным с интегрированным управлением рисками холдинга «Байтерек», включая все виды рисков (финансовые, корпоративные, связанные с воздействием), и с управлением конфликтами интересов; политикой и мерами по борьбе с коррупцией, по противодействию отмыванию денег и финансированию терроризма (ПОД/ФТ); и с любыми требованиями по обеспечению надзора, с которыми холдинг «Байтерек» или его дочерние организации могут столкнуться на консолидированном или индивидуальном уровне. *Комитет* также будет

отвечать за подготовку рекомендаций для совета директоров по утверждению Системы социально-экологического управления холдинга «Байтерек» и будет принимать отчеты о внедрении этой системы на уровне всей группы холдинга.

- *Комитет по аудиту* будет отвечать за надзор за службу внутреннего аудита холдинговой компании, в том числе предлагать совету директоров кандидатуру начальника службы внутреннего аудита, утверждать план аудита, принимать отчеты о внутреннем аудите непосредственно от внутреннего аудитора и организовывать ежегодный внешний аудит.
- *Комитет по вознаграждению и компенсациям* будет отвечать за консультирование совета директоров по политике вознаграждения и назначений, предлагая совету годовую систему вознаграждения и консультируя совет директоров по процедурам холдинга «Байтерек» и по назначению любых ключевых должностных лиц.

Правление холдинга «Байтерек» будет состоять исключительно из профессиональных топ-менеджеров из частного и неправительственного секторов. Члены Правления будут отбираться в ходе открытого международного конкурса, проводимого авторитетной международной рекрутинговой компанией. Отобранные кандидаты будут проходить проверку на профессиональную пригодность, добросовестность и политическую независимость, проводимую авторитетной международной компанией по КЭБ. Эта проверка имеет решающее значение для обеспечения добросовестности и политической независимости правления и должна включаться в регулярные бюджетные расходы холдинговой компании. Обратите внимание на тот факт, что роль компании по КЭБ является исследовательской и отличается от роли рекрутинговой компании, которая заключается в поиске потенциальных кандидатов, которые могут подходить для данной должности. Сфера исследований компании по КЭБ охватывает физических и юридических лиц, имеющих тесные связи с рассматриваемым кандидатом. Члены правления будут наниматься на период от четырех до пяти лет, который может продлеваться решением совета директоров. Для надлежащего разделения надзорных и управленческих функций холдинга «Байтерек» ГД (или другие члены правления) больше не будет участвовать в работе совета директоров. Такое же изменение должно быть проведено и в отношении советов директоров и правлений дочерних организаций. Эти реформы могут быть поэтапными или проводиться в пилотном режиме выборочно во всей холдинговой компании и дочерних организациях.

Круг обязанностей правления будет включать:

- Анализ планов развития и бизнес-планов, подготовленных дочерними организациями, и представление их на утверждение совету директоров.
- Анализ полугодовых отчетов о деятельности, подготовленных дочерними организациями, и представление их на утверждение совету директоров.
- Проведение операций по капитальным вложениям холдинговой компании в дочерние организации; осуществление выплаты дивидендов, приватизации, оприходование средств в холдинговой компании от продажи дочерних организаций; и принятие решений по крупным внутригрупповым кредитам и представление их на утверждение в Комитет по рискам.
- Соблюдение всех надзорных требований Агентства по регулированию и развитию финансового рынка (АРРФР) под контролем Комитета по рискам, комплаенсу и гарантиям безопасности.

- Выполнение всех мер, относящихся к недопущению конфликта интересов, борьбе с коррупцией и ПОД/ФТ, в соответствии с указаниями Комитета по рискам, комплаенсу и гарантиям безопасности;
- Разработка Системы социально-экологического управления холдинга «Байтерек» и представление ее в Комитет по рискам, комплаенсу и гарантиям безопасности на утверждение.
- Подготовка стратегии воздействия холдинга «Байтерек» (включая подходы к анализу вклада, атрибуции, измерения и верификации) и ее оценки, охватывающей как бенефициаров, так и создание рынка, и представление ее на утверждение в Комитет по воздействию.
- Подготовка годового отчета холдинга «Байтерек» и представление его в совет директоров на утверждение.

Назначение членов советов директоров и правлений дочерних организаций должно производиться на основании тех же принципов разделения функций надзора и управления. А именно, наблюдательные советы дочерних организаций должны состоять только из независимых членов из негосударственного или частного сектора, назначаемых советом директоров холдинга «Байтерек». Эти кандидаты должны пройти проверку компанией по КЭБ и соответствовать квалификации, требуемой для бизнес-модели каждой дочерней организации (коммерция, воздействие, агент); см. дополнительную информацию в Главе 6.

Ожидается, что холдинг «Байтерек» усилит свои функции внутреннего контроля. Текущую функцию управления рисками, возможно, потребуется усилить, с тем чтобы обеспечить надлежащий контроль рисков в масштабах всей группы холдинга, особенно принимаемых дочерними организациями. Нынешняя модель (основанная на формулировании холдингом «Байтерек» концепции готовности к риску) определения политики для всей группы организаций холдинга при управлении ограниченным количеством рисков (таких как кредитные линии контрагента, валютные риски или внутригрупповое финансирование) должна быть расширена, с тем чтобы гарантировать обеспечение достаточными ресурсами для выполнения этих задач. Холдинговой компании также следует назначить директора по комплаенсу, ответственного за реализацию политики комплаенса на уровне группы, включая вопросы ПОД/ФТ, вопросы защиты данных, комплаенса клиентов, гринвошинга и борьбы с коррупцией. Статус подразделения внутреннего аудита потребуется повысить, с тем чтобы оно могло эффективно выполнять свои функции в масштабах всей группы. Необходимость в повышении статуса системы внутреннего контроля холдинга «Байтерек» более подробно описана в Главе 6.

В Таблице 4.1. обобщены рекомендации, представленные в этой главе, указаны подразделения, отвечающие за реализацию, и описаны ожидаемые результаты.

ТАБЛИЦА 4.1 Рекомендации: Управление холдингом «Байтерек»

МЕРОПРИЯТИЯ	ОТВЕТСТВЕННАЯ ОРГАНИЗАЦИЯ	ОЖИДАЕМЫЙ РЕЗУЛЬТАТ
Реформирование совета директоров холдинговой компании Вариант 1: Сделать совет директоров полностью политически независимым, подняв уровень организации с правом владения государственным пакетом акций до уровня премьер-министра. Вариант 2: Изменить состав совета директоров таким образом, чтобы независимые директора составляли большинство.	ПМ и МНЭ ПМ и МНЭ	Соблюдение принципов корпоративного управления ПСГ, указанных в Руководстве ОЭСР Полная независимость руководства холдинговой компании от политического вмешательства Частичное соблюдение принципов корпоративного управления ПСГ, указанных в Руководстве ОЭСР Снижение политического вмешательства в управление холдинговой компанией с переносом функции владения и надзора ближе к холдингу «Байтерек» и дочерним организациям
Включить в специальные комитеты совета директоров холдинговой компании только независимых директоров	ПМ и МНЭ	Снижение политического вмешательства в управление холдингом «Байтерек»
Провести проверку независимых директоров на профессиональную пригодность, добросовестность и независимость с привлечением частной международной компании по КЭБ; затраты на привлечение внешней компании по КЭБ должны рассматриваться в качестве регулярных бюджетных расходов холдинга «Байтерек».	ПМ и МНЭ	Профессиональная честность независимых директоров

Источник: Всемирный банк.

Примечание: КЭБ = Комплексная экспертиза благонадежности; МНЭ = Министерство национальной экономики; ОЭСР = Организация экономического сотрудничества и развития; ПМ = премьер-министр; ПСГ = предприятие в собственности государства.

СПРАВОЧНЫЕ МАТЕРИАЛЫ

ОЭСР (Организация экономического сотрудничества и развития), 2015 год *Руководство ОЭСР по корпоративному управлению предприятиями в собственности государства*, в редакции 2015 года. Париж: Издательство ОЭСР.http://dx.doi.org/10.1787/9789264244160-en.

5 «Двойной результат» и измерение воздействия

Финансовые учреждения, имеющие полномочия в области развития, основывают свои решения о финансировании отдельных инвестиционных проектов на принципе «двойного результата». В настоящей главе анализируются подходы отобранных финансовых институтов развития (ФИР) к определению своего «двойного результата», а также к измерению и верификации воздействия. Затем в ней описывается подход, которого придерживаются Всемирный банк и другие международные финансовые институты (МФИ), и даются конкретные рекомендации по определению «двойного результата» и измерению воздействия холдингом «Байтерек».

ПОДХОДЫ, КОТОРЫМ СЛЕДУЮТ ОТОБРАННЫЕ ФИНАНСОВЫЕ ИНСТИТУТЫ РАЗВИТИЯ

Глобальный фонд энергоэффективности и возобновляемой энергии

Глобальный фонд энергоэффективности и возобновляемой энергии (ГФЭЭВЭ) был создан Европейской комиссией в 2006 году и начал свою деятельность в 2008 году. Первоначальное финансирование со стороны Европейского Союза, Германии и Норвегии составило 112 миллионов евро. Фонд является государственно-частным партнерством. Группа Европейского инвестиционного банка (ЕИБ), которая консультирует ГФЭЭВЭ, успешно завершила сбор средств среди инвесторов из частного сектора в мае 2015 года, когда общий объем средств, находившихся под ее управлением, составил 222 миллиона евро. ГФЭЭВЭ является фондом фондов. Он инвестирует средства в фонды прямых инвестиций, которые сосредоточены на проектах по возобновляемым источникам энергии и энергоэффективности на развивающихся рынках. По состоянию на середину 2023 года, ГФЭЭВЭ инвестировал средств в 15 фондов в странах Африки, Латинской Америки и Карибского бассейна. Инвестиционный период Фонда завершился в конце мая 2019 года, и по состоянию на сегодняшний день он полностью инвестировал свои средства.

Инвестиции ГФЭЭВЭ направлены на то, чтобы приносить равные выгоды для достижения тройного результата в интересах людей, планеты и получения прибыли. В отношении интересов людей Фонд стремится обеспечить доступ к устойчивым источникам энергии и повысить энергоэффективность в развивающихся странах и странах с переходной экономикой. В плане сохранения нашей планеты фонд стремится бороться с последствиями изменения климата и способствовать сохранению окружающей среды. В отношении прибыли фонд стремится к получению устойчивой финансовой отдачи. Проекты, направленные на создание инфраструктуры чистой энергии нацелены на доходность около 15 процентов на операционном уровне с целью обеспечения валовой доходности в диапазоне 15–25 процентов.

Показатели воздействия Фонда сформулированы по четырем направлениям: чистая энергия; изменение окружающей среды/климата, устойчивое развитие и финансовый рычаг (см. Рисунок 5.1).

Показатели воздействия Фонда рассчитываются на валовой основе. То есть показатели воздействия не учитывают, были бы установлены мощности, сокращены чистые выбросы или достигнуто энергосбережение в отсутствие финансирования со стороны ГФЭЭВЭ. Однако эффект привлечения частных инвесторов отражается через мультипликатор частного капитала Фонда.

Фонд верифицирует воздействие своих инвестиций с помощью трех слоев данных. Во-первых, он измеряет фактические отчетные показатели за соответствующий финансовый год по каждой инвестиции в каждом портфеле в отчетном периоде. Во-вторых, он измеряет воздействие текущего портфеля и целевого портфеля. Текущий портфель имеет допущение, что все проекты в существующем портфеле (в стадии разработки, строительства и эксплуатации) полностью функционируют в течение всего года. На рисунке представлен срез ожидаемого годового воздействия проектов, находящихся в портфеле, после того как они будут введены в эксплуатацию. Фонд также измеряет воздействие целевого портфеля. Целевой портфель составлен, исходя из предположения, что все проекты в текущем портфеле и на стадии разработки полностью функционируют в течение всего года. Эта цифра дает представление об ожидаемом годовом воздействии всех проектов, которые в конечном итоге будет финансировать ГФЭЭВЭ. Эти данные предоставляются по четырем основным направлениям. В-третьих, Фонд рассчитывает воздействие официальной помощи в целях

РИСУНОК 5.1

Показатели воздействия ГФЭЭВЭ

Направление 1: Чистая энергия

- Установленная мощность (МВт)
- Произведенная электроэнергия (МВт·ч)
- Экономия за счет энергоэффективности (МВт·ч)

Направление 2: Снижение воздействия на окружающую среду/климат

- Сокращение чистых выбросов в тоннах эквивалента CO_2)

Направление 3: Устойчивое развитие

- Домохозяйства - бенефициары
- Бенефициары-МСП

Направление 4: Финансовый рычаг

- Мультипликатор частного капитала фонда

Источник: GEEREF, 2021 год.
Примечание: МВт = мегаватты; МВт·ч = мегаватт-часы; МСП = малые и средние предприятия.

развития (ОПР), которое отражает воздействие, достигнутое инвесторами ОПР, выступившими в роли катализаторов для частных инвесторов из организаций с ограниченной ответственностью. На этом этапе рассчитывается соотношение государственных обязательств к общей сумме обязательств и выводится окончательный мультипликатор для всего капитала, инвестированного в рамках портфельных проектов ГФЭЭВЭ, по отношению к первоначальным обязательствам по ОПР перед ГФЭЭВЭ.

Члены партнерства по борьбе с изменением климата в Азии

Партнерство по борьбе с изменением климата в Азии (АСР) — гибридный инвестиционный фонд с капиталом в 450 миллионов долларов США, ориентированный на секторы возобновляемых источников энергии, ресурсоэффективности и охраны окружающей среды в странах Азии с формирующимся рынком. Фонд начал свою работу в 2014 году как совместная инициатива Азиатского банка развития (АБР), компании «Robeco» и корпорации «Orix». Robeco — международная компания по управлению активами, зарегистрированная в Нидерландах и полностью принадлежащая корпорации «ORIX». В 2022 году капитал, находившийся в распоряжении АСР, был предоставлен АБР (100 миллионов долларов США), Правительством Великобритании (94,3 миллиона. долларов США), ORIX Asia Capital (100 миллионов долларов США) и другими инвесторами (155,7 миллиона долларов США).

АСР стремится продемонстрировать, что можно инвестировать в «зеленые» финансы в Азии на коммерческой основе, при этом строго придерживаясь экологических, социальных и управленческих (ЭСУ) стандартов. Фонд отбирает инвестиционные проекты, основываясь на критерии получения «двойного результата» - финансовой отдачи и измерения экономического воздействия. Показатели воздействия, содержащиеся в оценке воздействия АСР, представлены в Таблице 5.1. Эти показатели ежегодно верифицируются и включаются в годовой отчет АСР.

Ирландский стратегический инвестиционный фонд

Ирландский стратегический инвестиционный фонд (ISIF) был создан правительством Ирландии в 2014 году с первоначальным капиталом в размере 7,6 миллиарда евро из Национального пенсионного резервного фонда. Целью фонда является инвестирование на коммерческой основе таким образом, чтобы поддерживать экономическую активность и занятость в стране. Фонд имеет заявленный целевой показатель, равный соотношению 1:2.6, в качестве мультипликатора частного капитала для своего инвестированного капитала (см. Халланд и др., 2016 год).

При выборе инвестиций ISIF руководствуется принципом получения «двойного результата», основанным на критериях финансового и экономического воздействия. Финансовые критерии следующие: Во-первых, цель по достижению эффективности инвестиций заключается в превышении средней ставки государственного долга. Во-вторых, до 2025 года не допускается изъятие средств из Фонда на нужды бюджета; после этого возможны дивидендные выплаты в размере до 4 % годовых в казначейство. В-третьих, инвестиции не должны оказывать отрицательного воздействия на показатель общего государственного долга за какой-либо год.

ТАБЛИЦА 5.1 Показатели оценки воздействия АСР

ПОКАЗАТЕЛЬ	ОПИСАНИЕ
Общая установленная мощность экологически чистой энергии	По типу (подключенные к энергосети, не подключенные к энергосети) По технологиям (ветровые, солнечные, гидро и др.)
МВт · ч произведенной чистой энергии	По типу (подключенные к энергосети, не подключенные к энергосети) По технологиям (ветровые, солнечные, гидро и др.)
МВтч энергосбережения	Применительно к разному типу инвестиций в энергоэффективность
Тонн эквивалента диоксида углерода (CO_2e), не попавших в атмосферу	
Количество домохозяйств, имеющих доступ к чистой энергии	По типу (подключение домохозяйства к сети, отдельный доступ к энергосети, централизованное теплоснабжение)
Созданные рабочие места	На этапах строительства и эксплуатации Мужского и женского населения
Количество поддерживаемых устойчивых цепочек поставок и чистых технологий	Общее количество секторов, представленных в инвестиционном портфеле
Леверидж частного и государственного финансирования на уровне фонда	Активы под управлением фонда
Леверидж частного и государственного финансирования на уровне соинвестирования	Общая сумма инвестиций сторонних участников в портфельные компании АСР
Леверидж частного и государственного финансирования на уровне портфельной компании или проекта	Общая сумма инвестиций третьих сторон в портфельные компании АСР, включая средства привлеченные портфельными компаниями для конкретных проектов

Источник: Дивакаран и др., 2022 год.
Примечание: АСР= Члены партнерства по борьбе с изменением климата в Азии; МВт = мегаватты; МВт · ч = мегаватт-часы.

ISIF измеряет экономический эффект своих инвестиций, применяя три принципа: взаимодополняемость, вытеснение и дедвейт.

- *Взаимодополняемость* относится к дополнительным экономическим выгодам к валовой добавленной стоимости (ВДС) и валовому внутреннему продукту (ВВП), которые могут быть получены в результате возможных инвестиций, сверх того, что имело бы место в любом случае. Элементы экономической взаимодополняемости на уровне проекта включают ВДС, создание рабочих мест и качественные воздействия, такие как вклад в благоприятную инфраструктуру страны, инновации и экономическую эффективность. Социальные и экологические воздействия не учитываются при расчете взаимодополняемости, но учитываются в рамках Стратегии устойчивости и ответственного инвестирования ISIF и в соответствии с Принципами ответственного инвестирования Организации Объеденных Наций и Принципами Сантьяго.
- *Вытеснение* относится к случаям, когда взаимодополняемость инвестиций снижается в масштабах всей экономики из-за сокращения экономических выгод в других секторах экономики. Например, компания-объект инвестиций, которая конкурирует с другими отечественными компаниями, уменьшила общий эффект от инвестиций на ВВП.
- *Дедвейт* относится к случаям, когда экономические выгоды от инвестиции были бы достигнуты и в отсутствие таких инвестиций, когда компания-объект инвестирования привлекла бы частный капитал независимо от участия ISIF.

Инвестиционные возможности, создающие экономическую взаимодополняемость при низком уровне вытеснения и дедвейта, скорее всего, окажут значительное экономическое воздействие в масштабах всей экономики в целом в долгосрочной перспективе. Экономическая взаимодополняемость может проявляться во многих формах, включая увеличение выпуска (оборот) и доходности (операционная прибыль, занятость, чистый экспорт и капитальные затраты). Обеспечение инфраструктурой может также создать взаимодополняемость в будущих периодах, способствуя повышению конкурентоспособности экономики в будущем. Точно так же инновации и инвестиции в научные исследования и конструкторские работы могут создать взаимодополняемость в долгосрочной перспективе, которая не сразу очевидна, но необходима для долгосрочного устойчивого экономического роста. Показатели воздействия ISIF представлены в Вставке 5.1. Эти показатели верифицируются руководством ISIF и включаются в Годовой отчет о воздействии ISIF; все данные рассчитываются по отношению к показателям предыдущего год.

Banco Nacional de Desenvolvimento (Бразилия)

Banco Nacional de Desenvolvimento (BNDES) публикует данные об освоении средств и количестве операций по ЦУР в своем годовом отчете. В Таблице 5.2 показаны достижения BNDES по ЦУР в 2021 году.

Банк развития Южно-Африканской Республики

Банк развития Южно-Африканской Республики (БРЮАР) оценивает результаты своего развития по двум параметрам. Во-первых, для каждого направления деятельности определяется и измеряется набор показателей воздействия на развитие. Во-вторых, представляется прямой и косвенный вклад мероприятий БРЮАР в достижение отдельных ЦУР и в соответствующие конечные результаты Национального плана развития. По первому параметру показатели результатов (воздействие) представлены для каждого направления деятельности. В Таблице 5.3 представлены предполагаемые

Вставка 5.1

Показатели воздействия Ирландского стратегического инвестиционного фонда

- Количество рабочих мест, созданных при поддержке ISIF (САППГ)
- Занятость по регионам (САППГ)
- Валовая добавленная стоимость (САППГ)
- Фонд заработной платы (САППГ)
- Оборот (САППГ)
- Экспорт (САППГ)

Источник: NTMA, 2021 год.
Примечание: ISIF = Ирландский стратегический инвестиционный фонд; САППГ = по сравнению с аналогичным периодом прошлого года.

ТАБЛИЦА 5.2 Показатели освоения средств и операций BNDES по ЦУР (2021 год)

ЦУР	ОСВОЕНИЕ СРЕДСТВ (В МИЛЛИОНАХ R$)	ОПЕРАЦИИ
1. Ликвидация нищеты	1 899,7	24 576
2. Ликвидация голода	8 636,5	62 194
3. Хорошее здоровье и благополучие	1 424,0	1 181
4. Качественное образование	116,3	914
5. Гендерное равенство	2,7	73
6. Чистая вода и санитария	458,0	132
7. Недорогая и чистая энергия	15 888,1	501
8. Достойная работа и экономический рост	26 256,2	176 805
9. Промышленность, инновации и инфраструктура	27 909,6	21 052
10. Уменьшение неравенства	9 519,1	32 601
11. Устойчивые города и населенные пункты	878,1	403
12. Ответственное потребление и производство	2 068,4	1 734
13. Борьба с изменением климата	5 926,5	879
14. Сохранение морских экосистем	293,2	422
15. Сохранение экосистем суши	742,2	533
16. Мир, правосудие и эффективные институты	92,9	55
17. Партнерство в интересах устойчивого развития	2 679,3	179

Источник: BNDES, 2022 год.
Примечание: BNDES = Национальный банк развития; ЦУР = Цели в области устойчивого развития.

ТАБЛИЦА 5.3 Показатели воздействия на развитие для финансирования инфраструктуры, как направления экономической деятельности (2021 год)

НАПРАВЛЕНИЕ ДЕЯТЕЛЬНОСТИ	ПОКАЗАТЕЛЬ РЕЗУЛЬТАТА ВОЗДЕЙСТВИЯ НА РАЗВИТИЕ	РЕЗУЛЬТАТ
Энергетика	Всего затронутых домохозяйств	70 122
Водоснабжение	Всего затронутых домохозяйств	39 945
Восстановление автодорог	Всего затронутых домохозяйств	101 698
Водоотведение	Всего затронутых домохозяйств	19 876
Ожидаемые прямые строительные работы	Количество созданных рабочих мест	8 320
Ожидаемые прямые операционные рабочие места	Количество созданных рабочих мест	2 980

Источник: БРЮАР, 2022 год.

показатели воздействия на развитие для такого направления экономической деятельности как финансирование инфраструктуры в 2021 году.

По второму показателю БРЮАР представляет прямой и косвенный вклад от своих мероприятий в достижение ЦУР и конечных результатов Национального плана развития. В 2021 году мероприятия БРЮАР напрямую способствовали достижению шести ЦУР, а именно ЦУР-6 (чистая вода и санитария), ЦУР-7 (доступная и чистая энергия), ЦУР-9 (промышленность, инновации и инфраструктура), ЦУР-11 (устойчивые города и населенные пункты), ЦУР-13 (борьба с изменением климата) и ЦУР-17 (партнерство в интересах устойчивого развития).

ПОДХОД ВСЕМИРНОГО БАНКА И ДРУГИХ МЕЖДУНАРОДНЫХ ФИНАНСОВЫХ ИНСТИТУТОВ (МФИ) И РЕКОМЕНДАЦИИ ДЛЯ ХОЛДИНГА «БАЙТЕРЕК»

В принципе, при отборе проектов для финансирования в соответствии с передовой международной практикой использования подхода, направленного на достижение «двойного результата», из взаимоисключающих альтернатив выбираются проекты с самой высокой ставкой доходности для экономики страны (ERR), которые соответствуют требованиям в отношении пороговой внутренней ставки доходности (IRR) (ЕИБ, 2003 год; Всемирный банк, 1998). В большинстве случаев МФИ начинают участвовать в проектном цикле после того, как альтернативные структуры проекта были уже проанализированы и соответствующая государственная организация выбрала одну из альтернативных структур проекта. Поэтому в большинстве случаев МФИ ограничивают свой анализ оценкой ERR и IRR выбранной альтернативы. На практике это означает, что государственные учреждения, такие как холдинг «Байтерек», несут первичную ответственность за определение взаимоисключающих альтернатив проекта и за проведение тщательного анализа ERR и IRR каждой альтернативы проекта.

Пороговое значение внутренней ставки доходности (IRR) — это минимальное значение IRR, необходимое для защиты капитала МФИ. Для справки, Международная финансовая корпорация (МФК) устанавливает пороговую ставку на уровне 8 процентов. Холдинг «Байтерек» может установить свою пороговую ставку в валюте, в которой он ведет свою балансовую ведомость (тенге), а также на уровне проекта, программы, дочерней организации и холдинга в виде процентного соотношения, который обеспечивает достаточную защиту капитала.

ERR оценивается с использованием методологии анализа затрат и выгод, которая сравнивает ситуацию с проектом и без проекта. Выгоды и затраты проекта определяются с точки зрения его более широкого воздействия на экономику страны. Например, положительные воздействия включают стимулирование роста, искоренение бедности, сокращение неравенства доходов и сокращение выбросов парниковых газов (ПГ). Затраты проекта определяются с точки зрения альтернативных издержек, т.е. выгоды, упущенной в результате неиспользования этого ресурса в наилучших из доступных альтернативных условиях инвестирования, которая измеряется при помощи ставки по долгосрочным государственным облигациям. Дисконтированные выгоды и затраты оцениваются с использованием теневых цен, которые определяются как увеличение благосостояния в результате незначительного изменения доступности товаров и услуг или факторов производства.

Для оценки теневых цен в экономическом анализе проектов в зависимости от имеющихся данных можно использовать различные подходы. На самом продвинутом уровне теневые цены можно оценивать с помощью динамической модели макроэкономической оптимизации, например, динамической вычислимой модели общего равновесия (ДВМОР), которая максимизирует выпуск продукции с течением времени при условии, что факторы производства, объемы продукции и ресурсы ограничены. Двойное решение модели создает набор теневых цен на каждый продукт и ресурс за каждый год на временном горизонте моделирования.

В качестве альтернативы, при отсутствии динамической модели макроэкономической оптимизации, теневые цены можно оценивать индивидуально - с помощью методов, которые корректируют рыночные цены с учетом альтернативных издержек (см. Всемирный банк, 1998 год). Теневые цены на продукцию и факторы производства в национальной валюте могут отличаться от своих рыночных цен из-за дополнительных искажений, создаваемых государственными и частными участниками рынка. К ним относятся искажающие внутренние налоги и субсидии или наличие неконкурентных рыночных структур. Они также включают внешние факторы, которые не интернализированы рынком, такие как выбросы ПГ или вклад в системную финансовую нестабильность. Для оценки теневых цен на неторгуемые товары используется многоэтапный процесс, включающий оценку рыночных диспропорций, верхней и нижней границы теневой цены на товары и альтернативные издержки товаров на основе эластичности спроса и предложения.

В соответствии с указаниями Комиссии высокого уровня по ценам на углерод, Всемирный банк рекомендует использовать в экономическом анализе проектов низкую и высокую оценку теневой цены на углерод. Ценообразование начинается с низкой цены в 40 долларов США и высокой цены в 80 долларов США в 2020 году и увеличивается до 50 и 100 долларов США к 2030 году. Всемирный банк также рекомендует экстраполировать диапазон теневой цены на углерод с 2030 по 2050 год, используя тот же темп роста в 2,25% в год, что и подразумевается в период с 2020 по 2030 год, что приведет к значениям в 78 и 156 долларов США к 2050 году. Кроме того, он рекомендует использовать методологию Протокола по выбросам ПГ, Сфера применения 2, для расчета выбросов парниковых газов инвестиционных проектов.

Вопросы неравенства должны быть включены в анализ ERR. Поскольку правительства стран с формирующимся рынком сталкиваются с ограничениями в использовании налогово-бюджетной системы для эффективного перераспределения доходов, методология анализа ERR включает использование весов распределения, которые присваивают различные значения предельному увеличению потребления для различных групп домохозяйств, включая домохозяйства в депрессивных регионах. Во Вставке 5.2. Описываются методологические этапы отбора проектов и определения субсидий в соответствии с целями цели по достижению двойного результата.

Методологии для крупных и малых проектов, поддерживаемых ФИР, могут отличаться в зависимости от ограничений потенциала и ресурсов. Учитывая высокие потребности методологии анализа ERR на основе затрат и выгод в данных и аналитике, ФИР обычно применяют эту методологию только для средних и крупных проектов. Для небольших проектов принцип социальной ответственности может быть выражен в терминах IRR и социально-экологического воздействия проекта с использованием методологии измерения и управления воздействием IRIS+, разработанной Глобальной сетью импакт-инвесторов (GIIN). Для многих небольших проектов в рамках крупной программы методология анализа ERR на основе оценки затрат и выгод может применяться на уровне программ (а не малых проектов).

Для малых проектов эксперты Всемирного банка рекомендуют использовать методологию измерения и управления воздействием IRIS+, которая основана на четырех компонентах:

Вставка 5.2

Шаги для экономического и финансового анализа инвестиционных проектов, направленных на получение «двойного результата»

Экономический и финансовый анализ инвестиционных проектов в рамках подхода по достижению двойного результата включает следующие этапы:

1. Определить цели развития инвестиционного проекта и измеримые показатели развития.
2. Определить взаимоисключающие альтернативные структуры проекта. Эти альтернативы могут включать различные технологии, масштабы проекта или места реализации проекта.
3. Для каждой альтернативы проекта оценить ожидаемую ERR проекта, сравнив ситуации с проектом и без проекта.
4. Ранжировать альтернативы проекта в соответствии с их ожидаемой ERR.
5. Оценить ожидаемую IRR лучшего альтернативного варианта проекта. Если ожидаемая IRR выше пороговой ставки, принять альтернативу.
6. Если ожидаемая IRR ниже порогового значения, рассмотреть вариант комбинированной структуры льготного и коммерческого финансирования с целью обеспечения увеличения ожидаемой IRR выше порогового значения для коммерческих инвесторов, а это требует, чтобы ставка субсидирования компонента льготного финансирования была ниже разности между величиной прироста ERR лучшей альтернативной структуры проекта и второй лучшей альтернативы.
7. Если необходимая ставка субсидирования компонента льготного финансирования выше, чем разность в значениях ERR между первым и вторым лучшими альтернативами проекта, отказаться от первого лучшего альтернативного варианта, применить первые 5 шагов и продолжить работу со вторым лучшим альтернативным вариантом проекта.

1. *Определение целей и ожиданий.* Цели должны учитывать воздействие инвестиций на людей и окружающую среду и сбалансировать ожидания инвесторов в отношении рисков, прибыли, ликвидности и воздействия.

2. *Определение стратегий.* IIRIS+ включает широко используемые стратегические цели, которые подкреплены передовым опытом и доказательными данными. Необходимо выбирать стратегические цели, которые являются наиболее актуальными для воздействия инвестиционных мероприятий в рамках проекта.

3. *Выбор показателей и определение целевых показателей.* Основные системы показателей IRIS+ — это системы показателей IRIS, основанные на доказательных данных и передовой практике, применяемые для оценки воздействия любых инвестиций или предприятий по пяти параметрам воздействия.

4. *Измерение, отслеживание и использование данных и отчетов.* При измерении и управлении воздействием учитывается информация о рисках, прибыли и воздействии, с тем чтобы изучить уроки, скорректировать и усовершенствовать процесс принятия инвестиционных решений.

Пять характеристик воздействия представлены ниже:

1. *Что?* Достижению каких конечных результатам способствует компания и насколько эти результаты важны для заинтересованных сторон:

2. *Кто?* Кто испытывает на себе воздействие конечного результата и в какой мере они недополучают услуги по сравнению с ситуацией, когда конечный результат будет получен?

3. *Вклад:*
   - Предприятие-бенефициар (объект инвестирования): Насколько эффект сопоставим и какой вклад он вносит в то, что вероятно произошло бы в любом случае?
   - Инвесторы: Какой вклад вносят инвесторы в воздействие на основного объекта инвестиций?

4. *Сколько?* Какая часть воздействия конечного результата будет наблюдаться в течение периода реализации проекта?

5. *Риски.* Какие факторы риска являются значительными и насколько вероятно, что конечный результат будет отличаться от ожидаемого?

В качестве более простых практических альтернатив для измерения воздействия можно использовать сравнительные показатели проекта для бенефициаров (предприятий, домохозяйств) по отношению к контрольной группе (предприятия той же отрасли, домохозяйства - небенефициары) с использованием параллельных тенденций занятости, добавленной стоимости или выбросов ПГ (энергоэффективности). Важно, чтобы основополагающие базовые данные, используемые для показателей измерения воздействия и их расчеты, собирались или производились с помощью независимой статистики, например, предоставляемой Бюро национальной статистики.

Количественная верификация воздействия проектов может быть основана на квазиэкспериментальных оценках постфактум. Для этого потребуется собрать комплексные данные о группах, испытавших воздействие, и контрольных группах бенефициаров (таких как фирмы) и участниках рынка (таких как финансовые учреждения). При оценке воздействия могут использоваться такие методы, как сравнение разностей в регрессии с соответствующими средствами контроля искажающих факторов или методология синтетического контроля. Важно, чтобы не только проекты холдинга «Байтерек» (программы поддержки) подвергались независимой оценке воздействия, но и чтобы холдинг «Байтерек» публиковал данные, позволяющие другим независимым (сторонним) организациям самостоятельно проводить такие оценки воздействия и тщательно анализировать операции холдинга «Байтерек» и их воздействие.

На Рисунке 5.2 представлены исходные данные, расчеты и показатели, используемые на этапе отбора инвестиций, этапе мониторинга инвестиций и этапе оценки воздействия инвестиций. В основном, на этапе отбора инвестиционных проектов лицам, принимающим решения, необходимы расчеты ERR и IRR для всех альтернативных вариантов инвестиционных проектов с использованием предположений о ключевых показателях эффективности (КПЭ) в качестве входных данных. Для этапа мониторинга инвестиций необходимо разработать ключевые показатели мониторинга на основе КПЭ для бенефициаров инвестиционных проектов и альтернативных сценариев, например, рабочие места на малых и средних предприятиях (МСП), которые являются бенефициарами, по сравнению с рабочими местами на аналогичных МСП, не являющихся бенефициарами. На этапе оценки воздействия необходимо провести тщательную оценку воздействия с использованием сравнения разностей, ориентированных на КПЭ в качестве переменных результатов, для сопоставления учтенных и неучтенных бенефициаров (например, МСП).

Сторонняя оценка воздействия может проводиться ежегодно Высшей аудиторской палатой (ВАП) в сочетании с более глубокими периодическими оценками долгосрочного воздействия на развитие, проводимыми ВАП или Агентством по стратегическому планированию и реформам (АСПИР). Оценка соответствия целям в области развития выходит за рамки полномочий надзорного органа (Агентства по регулированию и развитию финансового рынка [АРРФР]); однако АРРФР все же может играть активную роль в обеспечении того, чтобы холдинговая компания проводила активную оценку климатических и экологических рисков (или, более широко, ЭСУ рисков). Сторонний надзор и верификация воздействия может осуществляться ВАП, которой придется либо создать необходимый потенциал, либо передать независимую ежегодную верификацию воздействия на аутсорсинг (местным финансовым аудиторам, кредитно-рейтинговым агентствам, которым может потребоваться наращивание потенциала и навыков, или существующим на глобальном рынке специализированным компаниям по верификации воздействия). Парламентский комитет по финансам и бюджету должен продолжить обсуждение результатов верификации, проведенной ВАП, совместно с Комитетом по воздействию холдинга «Байтерек», с тем чтобы совершенствовать методологию, систему измерения и беспристрастность своего механизма измерения воздействия.[1] Когда периодические оценки воздействия будут завершены, ВАП проинформирует об этом Комитет по воздействию в целях совершенствования методологии, измерений и целостности механизма измерения воздействия. Другой политический вариант заключается в том, чтобы поручить АСПИР периодические оценки холдинга «Байтерек» в соответствии с его полномочиями по мониторингу воздействия реформ. В Таблице 5.4. представлены рекомендации для

РИСУНОК 5.2

Входные данные, методологии измерения и показатели на этапах отбора, мониторинга и оценки инвестиций

Источник: Всемирный банк.
Примечание: ERR = ставка доходности для экономики страны; IRR = внутренняя ставка доходности; КПЭ = ключевой показатель эффективности.

ТАБЛИЦА 5.4 Рекомендации: «Двойной результат» и измерение воздействия

МЕРОПРИЯТИЯ (ДЛЯ ДОЧЕРНИХ ОРГАНИЗАЦИЙ С ПОЛНОМОЧИЯМИ В ОБЛАСТИ РАЗВИТИЯ)	ОТВЕТСТВЕННАЯ ОРГАНИЗАЦИЯ	ОЖИДАЕМЫЙ РЕЗУЛЬТАТ
При рассмотрении крупных инвестиционных проектов следует отбирать проекты, основанные на максимизации ERR среди взаимоисключающих альтернативных структур проекта при условии прохождения минимальной IRR (пороговая ставка).	Совет директоров холдинга «Байтерек»	Согласовать инвестиционные проекты, финансируемые дочерними организациями с полномочиями в области развития, с экологическим и социальным целям страны, включая определяемый на национальном уровне вклад, предусмотренный Парижским соглашением по климату
Провести оценку ERR с использованием методологии экономического анализа проектов Всемирного банка и других многосторонних банков развития на основе теневых цен, включая теневую цену углерода.	Совет директоров холдинга «Байтерек»	См. выше
При рассмотрении небольших инвестиционных проектов следует выбирать проекты, основанные на максимизации экономического и социального воздействия с использованием методологии измерения воздействия IRIS+ GIIN; и(или) произвести выбор на основе ERR на уровне инвестиционной программы (а не проекта).	Совет директоров холдинга «Байтерек»	См. выше
Для всех проектов рассчитать выбросы ПГ на основе Протокола по выбросам ПГ, Сфера применения 2 (как минимум)	Совет директоров холдинга «Байтерек»	См. выше

Источник: Всемирный банк.
Примечание: ERR = ставка доходности для экономики страны; ПГ = парниковые газы; GIIN = Инвестиционная сеть импакт-инвесторов; IRR = внутренняя ставка доходности.

холдинга «Байтерек» по переходу к надлежащему управлению процессом достижения «двойного результата» и методам оценки воздействия.

ПРИМЕЧАНИЯ

1. В круг полномочий АСПИР входит оценка долгосрочного воздействия в области развития, при этом Агентство меньше подвержено влиянию политического цикла, чем государственные министерства.

СПРАВОЧНЫЕ МАТЕРИАЛЫ

BNDES (Национальный банк развития). 2022 год. Интегрированный годовой отчет BNDES за 2021 год. Рио-де-Жанейро: BNDES.

БРЮАР (Банк развития Южно-Африканской Республики). 2022 год. *Интегрированный годовой отчет БРЮАР* за 2021 год. Мидранд, Южно-Африканская Республика: БРЮАР.

Дивакаран Шанти, Ховард Халланд, Джанни Лоренцато, Пол Роуз, Себастьян Сармиенто-Сахер, 2022 год. *Стратегические инвестиционные фонды: создание и деятельность*. Международное развитие в фокусе. Вашингтон, федеральный округ Колумбия: Всемирный банк. https://openknowledge.worldbank.org/handle/10986/37557.

ЕИБ (Европейский инвестиционный банк), 2013 год *Экономическая оценка инвестиционных проектов в ЕИБ*. Люксембург: ЕИБ.

GEEREF (Глобальный фонд энергоэффективности и возобновляемой энергии). 2021 год. «Отчет о воздействии Глобального фонда энергоэффективности и возобновляемой энергии за 2021 год: Катализатор чистой энергии». https://geeref.com/assets/documents/2021%20GEEREF%20Impact%20Report.pdf.

Халланд Ховард, Майкл Ноэль, Сильвана Тордо и Джейкоб Дж. Клопер-Оуэнс. 2016 год. «Стратегические инвестиционные фонды: возможности и вызовы.» Рабочий документ по политическим исследованиям 7851, Вашингтон, округ Колумбия, Всемирный банк. http://hdl.handle.net/10986/25168.

NTMA (Национальное агентство по управлению казначейством). 2021 год. «Ирландский стратегический инвестиционный фонд: обновление за первое полугодие 2021 года, включающее отчет по экономическому воздействию за 2020 финансовый год».https://isif.ie/uploads/publications/070921H120201-Performance-and-FY2020-update-published3102022.pdf.

Всемирный банк, 1998 год Справочник по экономическому анализу инвестиционных операций. Вашингтон, федеральный округ Колумбия: Всемирный банк.

6 Структура и корпоративное управление дочерних организаций холдинговой компании

Существует возможность существенной консолидации дочерней структуры для усовершенствования управления холдингом «Байтерек» и его дочерними организациями — даже несмотря на то, что за последние годы корпоративная структура холдинга «Байтерек» была сокращена с 11 до 8 дочерних организаций. В настоящее время структура юридического лица организована, в основном, вокруг видов хозяйственной деятельности/моделей, которые довольно хаотично смешивают три направления работы: (i) отраслевая специализация – предпринимательство, экспорт, жилищное строительство, сельское хозяйство, инфраструктура; (ii) финансовые инструменты – финансирование капитала/ квази-капитала, кредитные линии/долг/лизинг, кредитные гарантии и субсидии; и (iii) оптовое участие в сравнении с прямым участием на рынке и конкуренция с частными финансовыми организациями.

Всемирный банк рекомендует рассмотреть возможность внедрения новой структуры дочерних организаций холдинга в соответствии с принципами управления воздействием, которые предполагают наличие трех групп дочерних организаций в холдинге «Байтерек», управляемых в соответствии с их целями (Рисунок 6.1).

- *Группа по коммерциализации и приватизации* («ГКП») будет объединять учреждения Уровня 2 с полномочиями в сфере коммерческой деятельности, которые работают на рынке и конкурируют с частными финансовыми учреждениями и которые рано или поздно будут приватизированы, такие как Сбербанк, АО «КазАгро Финанс», АО «Отбасы банк» (большая часть), а также часть АО «Аграрная кредитная корпорация» (АКК). В эту группу войдут банки, которые будут национализированы в будущем, если это будет необходимо. Учреждения ГКП будут зарегистрированы в качестве финансовых организаций и регулироваться Агентством по регулированию и развитию финансового рынка (АРРФР).
- *Группа стратегического финансирования* (ГСФ) объединит учреждения Уровня 1 с полномочиями по достижению «двойного результата», имеющие минимальную внутреннюю ставку доходности (IRR) для защиты капитала и полномочия в области развития в плане ставки доходности для экономики страны (ERR), а также ориентированы на сокращение выбросов парниковых газов, создание рабочих мест и воздействие на получение доходов. В состав

ГСФ войдут Банк развития Казахстана (БРК), Фонд развития предпринимательства (фонд «ДАМУ»), АО «Казына Капитал Менеджмент» (ККМ), АКК и АО «Казахстанская жилищная компания» (КЖК), которые относятся к Уровню 1 (оптовые операции). Одной из целей и целевых видов воздействия ГСФ будет создание рынка и привлечение частного капитала. ГСФ будет зарегистрирована в качестве финансового учреждения и регулироваться АРРФР.

- АО «*Корпорация по управлению субсидиями / фискальный агент*» (КУСФА) объединит в себе функции по разработке и реализации схем субсидирования (целевые механизмы, оговорки об истечении срока действия и их триггеры) и операции фискального агента, представляя собой направление деятельности по взиманию комиссий для холдинга «Байтерек» с возможным участием доноров. Примером направлений бизнеса, которые буду объединены в рамках группы КУСФА, является субсидирование процентных ставок фондом «ДАМУ», КазАгро и АКК, за счет средств, предоставленных Министерством финансов/Министерством национальной экономики и Министерством сельского хозяйства.

Эта трансформация может быть программной, поскольку эффективное внедрение этой рекомендации будет иметь существенные юридические и финансовые последствия. Этот процесс будет подразумевать ряд разделений и слияний, для которых необходимы специализированные процедуры. Сложность этой реформы будет значительной, но также высокой будет ожидаемая отдача от ее завершения. В качестве первого шага следует нанять юридическую фирму для подготовки технико-экономического обоснования и дорожной карты реструктуризации. Программный механизм реализации может начаться с формирования единых советов директоров по схожим направлениям бизнеса при одновременном предоставлении полномочий таким советам директоров принимать решения о темпах поэтапного интегрирования дочерних организаций или направлений коммерческой деятельности в каждую из групп. В этой структуре дочерние организации в рамках каждой группы будут сохранять свою отдельную правовую корпоративную структуру, но советы директоров дочерних организаций в рамках каждой группы будут состоять из одних и тех же директоров, которые фактически составляют единый совет директоров группы.

На Рисунке 6.1 представлена обобщенная информация о рекомендуемой структуре управления и структуре дочерних организаций для руководства реформой холдинга «Байтерек». Например, группа ГКП может на основании решений своего совета директоров: (i) просто сгруппировать соответствующие коммерчески ориентированные направления деятельности учреждений Уровня 2 (без корпоративной интеграции), (ii) частично интегрировать бизнес (немедленно или со временем) или (iii) полностью интегрировать все предприятия в одну корпоративную организацию (АО). Будущий совет директоров ГСФ может выбрать из аналогичных вариантов частичную и полную интеграцию или отказ от нее. Для КУСФА мы рекомендуем рассмотреть возможность полной интеграции всех функций посредничества в предоставлении субсидий и функций фискального агента в одну организацию.

Например, фонд «ДАМУ», который со своими программами гарантий и кредитными линиями (по цене близкой к рыночной) войдет в состав ГСФ. Но программы субсидирования процентных ставок, администрируемые фондом «ДАМУ», уже входят в состав КУСФА. Или, как вариант, учреждения уровня 2 КазАгроФинанс и АО «Отбасы банк» могут квалифицироваться для ГКП как

РИСУНОК 6.1

Предлагаемая структура дочерних организаций холдинга «Байтерек»

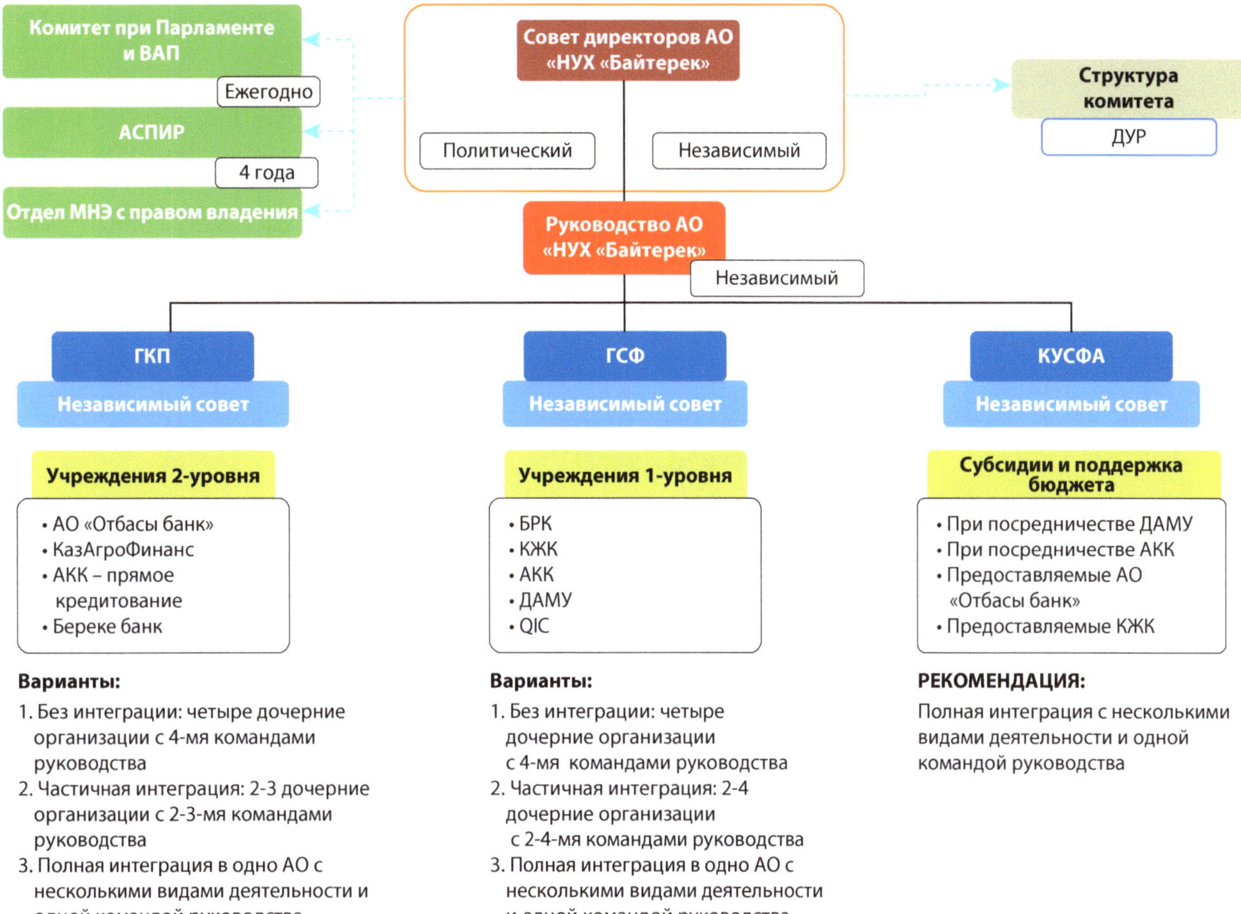

Источник: Всемирный банк.
АО = *Примечание:* АКК = АО «Аграрная кредитная корпорация»; ВАП= Высшая аудиторская палата; ГКП = Группа по коммерциализации и приватизации; ДУР = директор по управлению рисками; Фонд «ДАМУ» = Фонд развития предпринимательства; БРК = Банк развития Казахстана; акционерное общество; КЖК = АО «Казахстанская жилищная компания»; QIC = Qazaqstan Investment Corporation; МНЭ = Министерство национальной экономики; ГСФ= Группа стратегического финансирования; КУСФА = Корпорация по управлению субсидиями / фискальный агент»

юридические лица, а любые предоставляемые ими субсидирования процентных ставок и первоначального взноса – потенциально могут стать частью КУСФА. Основная задача заключается в том, чтобы создать четкую линию для частных инвесторов и международных финансовых институтов с различными целями (сделки по приватизации, инвестиции, нацеленные на получение «двойного результата»). Полное распределение по трем группам существующих дочерних организаций и программ может быть выполнено в виде приложения к данному отчету, если эта рекомендация о рационализации структуры дочерних организаций будет принята к исполнению. Советы директоров каждой из трех групп будут нести ответственность за оценку возможности слияний внутри каждой группы и проведение соответствующих юридических и технико-экономических обоснований в этих целях.

Одним из мотивирующих факторов для такой структуры из трех групп является внимание, уделяемое привлечению частного капитала. Частный капитал будет стараться избегать участия в сделках по приватизации государственных коммерческих предприятий, если таковые будут иметь социально-экономические полномочия, возложенные на них государством, которые не могут быть монетизированы и будут нуждаться в субсидиях. Аналогично, частные инвесторы в долговые обязательства и акционерный капитал, скорее всего, будут сторониться дочерних структур, получающих бюджетные субсидии, которые правительство может впоследствии заставить организацию взять на себя без сопоставимого финансирования. Стратегия правительства заключается в том, чтобы с течением времени сокращать прямые субсидии, заменять их косвенными видами государственной поддержки, такими как гарантии, или поэтапно отказываться от тех, в которых нет необходимости. ГКП и ГСФ могут помочь установить целевые показатели мультипликаторов частного капитала по примеру ГФЭЭВЭ (см. Главу 5).

УПРАВЛЕНИЕ ГРУППОЙ ПО КОММЕРЦИАЛИЗАЦИИ И ПРИВАТИЗАЦИИ

Единый совет директоров ГКП будет состоять из пяти-семи независимых директоров. Все директора будут обладать знаниями и опытом в части работы холдингов и приватизации государственных финансовых учреждений. Внешние директора будут привлекаться на основе открытого международного конкурса, проводимого авторитетной международной частной рекрутинговой компанией. Проверку на профессиональную пригодность, добросовестность и независимость внешних директоров будет проводить авторитетная международная компания по КЭБ (комплексной экспертизе благонадежности). Внешние директора будут назначаться на пять лет, при этом срок их полномочий может продлеваться один раз.

Единый совет директоров будет выполнять следующие обязанности:

- Утверждать бизнес-планы и планы приватизации организаций, входящих в ГКП, и представлять их на утверждение совету директоров холдинга «Байтерек». Приватизация будет осуществляться на основе международного конкурса, открытого для частных финансовых учреждений, зарегистрированных в развитых странах, без прямого или косвенного участия государства. Бенефициарные владельцы, директора и менеджеры финансовых учреждений-кандидатов будут проходить проверку на профессиональную пригодность, добросовестность и независимость в частной компании по КЭБ.
- Утверждать полугодовые отчеты о деятельности организаций, входящих в ГКП, и представлять их на утверждение совету директоров холдинга «Байтерек».
- Одобрять сделки по приватизации отдельных организаций, входящих в ГКП, в соответствии с бизнес-планами и планами приватизации, утвержденными советом директоров холдинга «Байтерек».
- Утверждать годовые отчеты организаций, входящих в ГКП.

Единый совет директоров ГКП создаст специализированные комитеты совета директоров со следующими обязанностями:

- *Комитет по рыночному воздействию и приватизации* будет отвечать за мониторинг воздействия ГКП на развитие финансового рынка и активизацию частного капитала; разработку положений об истечении срока действия для выхода из сегмента рынка, во избежание вытеснения частного капитала;

и организацию оценки готовности организаций, входящих в ГКП, к приватизации, включая оценку потенциальных инвесторов.

- *Комитет по рискам* будет информировать совет директоров об интегрированном управлении рисками в группе и типах рисков (финансовых, корпоративных и связанных с воздействием) при содействии директора по управлению рисками. *Комитет по рискам* будет включать функционал комитета по комплаенсу, который будет нести ответственность за политики и процедуры управления конфликтами интересов, борьбой с коррупцией и ПОД/ФТ (противодействием отмыванию денег и финансированием терроризма), а также контролировать выполнение всех требований по надзору с выездом и без выезда на места со стороны АРРФР. Он также будет нести ответственность за утверждение системы социально-экологического управления (ССЭУ) дочерних групп и компаний в соответствии с ССЭУ холдинговой компании.
- *Комитет по аудиту* будет осуществлять надзор за функцией внутреннего аудита и за организацию ежегодного внешнего аудита компаний ГКП.
- *Комитет по вознаграждению и компенсациям* будет отвечать за разработку кадровой политики и процедур организаций, входящих в ГКП.

Правления организаций, входящих в ГКП, будут состоять исключительно из независимых старших экспертов, обладающих опытом работы в холдингах и приватизации государственных финансовых учреждений. Члены Правления будут привлекаться на основе открытого международного конкурса, проводимого авторитетной международной частной рекрутинговой компанией. Отобранные кандидаты будут проходить проверку на профессиональную пригодность, добросовестность и независимость, проводимую авторитетной международной компанией по КЭБ. Члены правления будут отбираться на четырехлетний срок с возможностью продления один раз — предпочтительно на основе успешного завершения хорошо структурированного контракта, ориентированного на результат.

Обязанности правления будут включать:

- Рассмотрение бизнес-планов, планов коммерциализации и приватизации, подготовленных дочерними организациями ГКП, и представление их на утверждение совету директоров ГКП.
- Рассмотрение полугодовых отчетов о деятельности, подготовленных дочерними организациями ГКП, и представление их на утверждение совету директоров ГКП.
- Структурирование сделок по приватизации организаций ГКП с международными частными стратегическими инвесторами, представление их на утверждение совета директоров ГКП и их исполнение.
- Осуществление операций по капитальным вложениям холдинговой компании в ГКП и операций по выплате дивидендов, получению средств от приватизации организаций ГКП, и представление их на утверждение совету директоров ГКП.
- Соблюдение всех требований АРРФР по надзору под контролем Комитета по рискам ГКП, с выездом и без выезда.
- Выполнение всех мер по устранению конфликтов интересов, борьбе с коррупцией, ПОД/ФТ в соответствии с указаниями Комитета по рискам, в том числе смягчение рисков гринвошинга на корпоративном уровне, на уровне рыночных посредников и бенефициаров.

- Подготовка ССЭУ для организаций ГКП в соответствии с ССЭУ холдинговой компании и представление их на утверждение Комитету по рискам ГКП.
- Подготовка оценок воздействия организаций ГКП, охватывающие бенефициаров и рынки — с соблюдением принципов конкурентного нейтралитета — и рисков воздействия (справедливый переход, создание «зеленого пузыря»).
- Подготовка годовых отчетов организаций ГКП и представление их на утверждение совету директоров ГКП.

Независимый отдел внутреннего аудита ГКП будет подчиняться непосредственно Комитету по аудиту. Подразделение Директора по управлению рисками будет подчиняться CEO и(или) объединенному Комитету по рискам совета директоров, предоставляя информацию о финансовых, корпоративных рисках и рисках, связанных с воздействиями.

УПРАВЛЕНИЕ ГРУППОЙ СТРАТЕГИЧЕСКОГО ФИНАНСИРОВАНИЯ

Структура управления ГСФ будет аналогична структуре ГКП, но со следующими отличиями:

- Пять-семь внешних директоров должны иметь знания и опыт в управлении государственными финансовыми учреждениями с полномочиями в области развития и предоставлять консультации по достижению двойной цели, заключающейся в максимальном воздействии на развитие и создании рынка при достижении минимально допустимой финансовой отдачи для защиты капитала.
- Совет директоров утверждает планы развития и полугодовые отчеты о деятельности, представляемые организациями, входящими в ГСФ. Эти Планы развития и полугодовые отчеты о деятельности будут основываться на принципе стремления к достижению двойного результата (как описано выше) и не будут включать планы приватизации.
- Комитет по воздействию будет нести ответственность за утверждение матрицы воздействия ГСФ и информирование совета директоров о прогрессе в формулировке матрицы воздействия, включая: вклад, атрибуцию, измерение и верификацию, особенно в отношении социально-экономических и экологических («зеленых») аспектов воздействия. Кроме того, Комитет по воздействию будет отдельно заниматься вопросами создания рынка и мобилизации частного капитала на уровне фондов/банков/компаний, а также на уровне проектов, включая участие в синдикатах и других финансовых структурах, объединяющих риски.
- Совет директоров будет утверждать капитальные вложения холдинговой компании в организации ГСФ, а также выплаты дивидендов и платежи ГСФ от реализации дочерних организаций. Средства от выхода из инвестиций будут состоять из средств от продажи и ликвидации гибридных инвестиционных фондов, в которые инвестировало QIC. Поступлений от приватизации не будет.
- Правление не будет осуществлять никаких приватизационных сделок.

УПРАВЛЕНИЕ «КОРПОРАЦИЕЙ ПО УПРАВЛЕНИЮ СУБСИДИЯМИ / ФИСКАЛЬНЫЙ АГЕНТ»

Структура управления КУСФА будет аналогична структуре управления ГКП и ГСФ, но со следующими отличиями:

- КУСФА не будет регулироваться АРРФР.
- Три-пять профессиональных директоров будут обладать опытом и знаниями в области разработки и управления государственным субсидированием, в частности через государственные финансовые учреждения, а также в области подготовки рекомендаций по воздействию структур субсидирования на развитие, включая надлежащее таргетирование, направленное на минимизацию рыночных искажений. Можно рассмотреть вопрос о проведении дополнительной экспертизы функций фискальных агентств (и субнационального финансирования), прежде чем эта функция будет исключена из сферы компетенции холдинга «Байтерек» (как это рекомендуется).
- Совет директоров будет нести ответственность за утверждение политики субсидирования КУСФА в соответствии с полномочиями, установленными Министерством национальной экономики, советом директоров холдинга «Байтерек» и ответственными министерствами, участвующими в цикле среднесрочного прогноза расходов, в котором будут закладываться расходы на субсидирование.
- Комитет по воздействию будет отвечать за утверждение матрицы воздействия, включая: вклад, атрибуцию, измерение и верификацию, особенно по социально-экономическим и экологическим аспектам воздействия.
- Совет директоров будет отвечать за утверждение годовых отчетов о деятельности КУСФА.

ТАБЛИЦА 6.1 Рекомендации: Структура и управление дочерними организациями холдинга «Байтерек»

МЕРОПРИЯТИЯ	ОТВЕТСТВЕННАЯ ОРГАНИЗАЦИЯ	ОЖИДАЕМЫЙ РЕЗУЛЬТАТ
Учредить три группы дочерних организаций • Группа по коммерциализации и приватизации • Группа стратегического финансирования • Корпорация по управлению субсидиями / фискальный агент	Совет директоров холдинга «Байтерек»	Приведение структуры и управления дочерними организациями в соответствие с их задачами
Создание единого совета директоров для каждой из групп дочерних организаций	Совет директоров холдинга «Байтерек»	Фокусирование опыта совета директоров и правления на конкретных целях группы (коммерческие, «двойной результат», субсидии)
Включение в состав советов директоров дочерних групп и корпорации исключительно независимых директоров	Совет директоров холдинга «Байтерек»	Политическая независимость советов директоров и правлений дочерних организаций
Проведение проверки кандидатов в члены советов директоров дочерних структур на профессиональную пригодность, добросовестность и независимость в частной международной компании по КЭБ.	Совет директоров холдинга «Байтерек»	Неподкупность руководства дочерних организаций

Источник: Всемирный банк

Примечание: КЭБ = комплексная экспертиза благонадежности.

- Совет директоров будет отвечать за утверждение годовых отчетов КУСФА.
- Комитет по рискам (комплаенсу) не будет нести ответственность за мероприятия по надзору АРРФР, как камеральные, так и выездные.
- Правление будет состоять из старших экспертов, обладающих опытом в разработке и управлении программами государственного субсидирования в сфере финансовых услуг, в частности, через государственные финансовые учреждения, а также в обеспечении максимального воздействия на развитие посредством надлежащего таргетирования и смягчения рыночных искажений.
- Правление будет нести ответственность за управление субсидиями, предоставляемыми отвечающим требованиям предприятиям и домохозяйствам, в том числе через рыночных посредников, на основе политики субсидирования, одобренной советом директоров.
- Правление будет отвечать за подготовку годового отчета КУСФА и представление его совету директоров на утверждение.

В Таблице 6.1. представлены рекомендации, ответственные организации и ожидаемые результаты реформирования структуры дочерних организаций холдинга «Байтерек» в целях совершенствования управления воздействием.

7 Структура и механизмы управления рисками

«Байтерек» - государственный холдинг, владеющий рядом финансовых организаций с разными целями развития. В настоящее время он функционирует как диверсифицированная финансовая холдинговая компания, владеющая рядом финансовых учреждений, которые практически не интегрированы между собой. Некоторые из них представляют собой чисто розничные или коммерческие банковские учреждения (например, жилищное финансирование, агробизнес), в то время как другие связанны с корпоративной финансовой деятельностью или другими комплексными инициативами в рамках организаций холдинга «Байтерек»[1]. Каждая дочерняя организация имеет собственные финансовые, операционные возможности и потенциал информационных технологий, в то время как роль холдинга «Байтерек» как материнской холдинговой компании заключается в обеспечении централизованного стратегического видения, гармонизации минимальных стандартов внутреннего контроля и управления рисками, а также эффективного надзора за руководством дочерних организаций.[2] См. Холдинг «Байтерек» (2022 год), где приводится более подробная информация.

Тем не менее, модель управления рисками дочерних организаций АО «Байтерек» сочетает в себе централизованный и децентрализованный подходы. Как отмечалось выше (Глава 3), модель управления группой по сути является смешанной. Управление Банком развития Казахстана (БРК), как представляется, является сильно централизованным и зависимым от головной компании, тогда как направления финансирования жилищного строительства (банк «Отбасы»), агрофинансирования (АО «Аграрная кредитная корпорация» [АКК] и АО «КазАгроФинанс») и финансирования предпринимательства/экспорта (в основном, Фонд развития предпринимательства [фонд «ДАМУ»]) являются децентрализованными и автономными. Основные дочерние организации/направления деятельности холдинга «Байтерек» подробно описаны ниже:

- *Банк «Отбасы»* – это банк второго уровня, который предоставляет жилищное финансирование физическим лицам, имеет очень большую долю рынка, а также управляет системой жилищного финансирования в стране, стимулируя долгосрочные сбережения для получения доступа к финансированию.

По состоянию на 2023 год банк «Отбасы» занимает четвёртое место по размеру собственного капитала. Он в значительной степени является самодостаточным с точки зрения ликвидности (напрямую финансируемой за счет депозитов клиентов), управления рисками и разработки продуктов. Банк располагает очень высоким уровнем капитала и ликвидности и очень низким уровнем заемных средств, что обеспечивает его стабильность. Риск концентрации незначителен, поскольку его клиенты действуют в розничном секторе. Вместе с тем риск может быть связан с концентрацией бизнеса в жилищном секторе и на рынке недвижимости (банк «Отбасы, 2022 год).

- АО «Аграрная кредитная корпорация» и его непосредственная дочерняя организация АО «КазАгроФинанс» занимаются финансированием сельского хозяйства как по прямым каналам, так и через банки второго уровня, микрофинансовые организации, лизинговые компании или кредитные товарищества. Коммерческая деятельность в большой степени зависит как от финансирования со стороны холдинга «Байтерек», который регулярно выделяет средства по мере роста капитала, так и от финансирования из государственного бюджета[3]. Бизнес подвержен кредитным, финансовым и нефинансовым (операционным, репутационным и др.) рискам. АКК работает с высоким уровнем капитала и ликвидности. Прибыльность и качество активов также в целом стабильны, хотя прибыльность на уровне подгруппы во многом выигрывает от дешевого финансирования, поступающего от холдинга «Байтерек». Согласно отрывочным данным, получаемым от рынков, концентрация отраслевых рисков в сельском хозяйстве может быть проблемой, также как и операционный риск, исходящий от сети местных филиалов. Дополнительная информация представлена в материалах по АО «Аграрная кредитная корпорация» (2022 год).
- На *Банк развития Казахстана* возложена задача развития обрабатывающей промышленности и инфраструктуры Казахстана. С этой целью он финансирует крупные проекты в ряде секторов. БРК получает средства от холдинга «Байтерек» и других государственных источников. Он также имеет важные взаимосвязи с материнской холдинговой компанией. Наиболее актуальная связь проистекает из политики кредитного андеррайтинга, которая требует, чтобы любой кредит, превышающий сумму в 700 миллиардов тенге, был одобрен советом директоров БРК, который в настоящее время состоит из шести членов. Такое пороговое значение требует одобрения большинства сделок советом директоров. Несмотря на то, что два члена совета директоров являются независимыми, нынешний председатель также входит в состав совета директоров холдинга «Байтерек». Этот факт может свидетельствовать о тесном контроле и влиянии холдинга «Байтерек» на наиболее важные решения БРК по кредитным рискам. Хотя тщательный анализ практики БРК по андеррайтингу и мониторингу кредитных рисков не проводился, по общим парамерам она соответствует той, которая применяется другими банками развития в отношении мер по надлежащей проверке клиентуры, оценки кредитного риска и технического анализа процесса андеррайтинга кредитного риска[4]. Для получения дополнительной информации см. БРК (2022 год).
- *«ДАМУ»* – фонд, предназначенный для предоставления субсидий по кредитам, условного размещения средств (кредитных линий) и частичного гарантирования кредитов по кредитам субъектов малого предпринимательства

и предпринимателей через банки второго уровня и микрофинансовые организации (непрямое кредитование). Фонд «ДАМУ» полностью зависит от республиканского бюджета и финансирования холдинга «Байтерек». Его основными рисками являются кредитные риски, которые отчасти возникают по отношению к посредническим финансовым организациям, через которые он предоставляет свои средства. Кроме того, он подвержен другим финансовым и нефинансовым рискам. Модель управления фондом «ДАМУ», реализованная холдингом «Байтерек», в значительной степени децентрализована, что соответствует небольшому размеру кредитов, предоставляемых фондом «ДАМУ», и преимущественно розничному характеру его клиентуры. Для получения дополнительной информации см. фонд «ДАМУ» (2022 год).

Уточнение роли холдинга «Байтерек» в управлении рисками всей совокупности несвязанных финансовых организаций остается важным вопросом. В соответствии с предложенными принципами корпоративного управления (представленными в Главе 6), роль холдинга «Байтерек» в управлении рисками должна основываться на функции холдинговой компании по надзору/контролю над деятельностью группы. Надзорная роль системы управления рисками холдинга «Байтерек» будет отражаться в мероприятиях, которые ему следует проводить, таких как определение риск-аппетита группы и стандартов управления рисками на корпоративном уровне (включая стандарты для экологических, социальных и управленческих рисков), а также в контроле за динамикой рисков на консолидированном уровне (в том числе в эффективном информировании о них Комитета по рискам совета директоров.

Управление рисками должно осуществляться на уровне дочерней организации, а роль холдинга «Байтерек» следует отнести к надзору, в соответствии с моделью «трех линий обороны» (3LoD).[5] Каждая достаточно крупная дочерняя организация/ направление деятельности должно иметь собственное подразделение по управлению рисками, мониторингу комплаенса и внутреннему аудиту (подразделения внутреннего контроля), которые в первую очередь должны подчиняться СЕО и(или) совету директоров дочерней организации. В то же время, руководители подразделений внутреннего контроля дочерних организаций должны иметь двойную линию подчинения: иерархически - перед советами директоров своих организаций, и функционально - перед соответствующим руководителем службы внутреннего контроля холдинга «Байтерек»[6].

Модель децентрализованного управления рисками, функционирующая в рамках консолидированного надзора со стороны холдинга «Байтерек», лучше соответствует характеру деятельности группы и может оградить группу от политического влияния. Во-первых, сфера, характер и масштабы деятельности дочерних организаций холдинга «Байтерек» очень различаются, а риски обычно бывают уникальными и в основном ограниченными одним юридическим лицом. Во-вторых, интеграция между дочерними организациями холдинга «Байтерек» ограничена (за исключением подгруппы АКК). И, наконец, автономность управления рисками дочерних организаций может эффективно оградить их от неправомерного политического влияния при принятии решений о рисках, что особенно актуально для финансирования крупных проектов через БРК. Сочетание внутрикорпоративного управления и управления рисками в масштабах всей группы, с одной стороны, и управления и внутреннего контроля на уровне дочерних организаций, с другой стороны, хорошо известно банковским группам, особенно тем группам, которые организованы через материнскую холдинговую компанию; это является очень распространенной структурой для крупных южноафриканских диверсифицированных банковских групп (таких как Nedbank, Absa, Standard Bank, FirstRand), британских банковских групп (таких как HSBC, Standard Chartered и другие) и ирландских банков.[7] В этих случаях роль надзора со стороны материнской компании сочетается с управлением операционными рисками на уровне дочерней организации. Более того, учредители международных стандартов также уточнили задачи внутрикорпоративного управления и управления рисками на уровне групп (см. BCBS (2015 год) и EBA (2021 год)).

Надзор, вытекающий из функции управления рисками, можно сформулировать на основе нескольких принципов. Принципы охватывают управление рисками, мониторинг комплаенса и функцию внутреннего аудита. Во-первых, подразделение по управлению рисками холдинга «Байтерек» должно продолжать формулировать корпоративную политику управления рисками, которой дочерние организации должны следовать, адаптировав ее к особенностям своего бизнеса. Во-вторых, оно должно продолжать сбор данных о рисках от дочерних организаций для определения, расчета и составления отчетов по консолидированным показателям рисков, проведения оценки рисков, составления карт рисков и выявления новых рисков на консолидированной основе. Подразделение по управлению рисками холдинга «Байтерек» должно продолжать работу по координации и подготовке консолидированной стратегии и показателей готовности к риску холдинговой компании, а также обеспечивать оперативное представление показателей корпоративным органам холдинга «Байтерек», информировать и запрашивать проведение изменений в случаях, когда нарушения совершаются дочерними организациями. И, наконец, подразделение по управлению рисками холдинга «Байтерек» должно располагать достаточными ресурсами, чтобы эффективно и надежно противостоять рискам и профилю рисков дочерних организаций.

Влияние холдинга «Байтерек» на андеррайтинг кредитных рисков БРК не следует недооценивать. Изучение роли АО «Байтерек» в определении системы управления рисками группы может привести к ошибочным выводам, что функция холдинга «Байтерек» ограничивается стратегическим руководством и надзором. Более 50 % кредитного риска группы принимается через БРК, и, как отмечалось в предыдущих разделах, андеррайтинг любой крупной сделки должен быть непосредственно одобрен советом директоров БРК, председателем которого в настоящее время является назначенное холдингом «Байтерек» лицо, которое также является членом совета директоров холдинга «Байтерек». Комбинация этих ролей (совмещение двух должностей) поднимает вопросы о том, насколько реальна модель децентрализованного управления рисками, поскольку значительная часть операций с кредитным риском фактически может утверждаться централизованно. Фактические методы управления рисками могут подвергать ключевые решения о кредитном риске политическому вмешательству и конфликту интересов. Наиболее оптимальным способом устранения такой возможности является создание полностью независимого совета директоров на уровне БРК. Эти изменения также могут соответствовать реформе БРК 2022 года, которая заключалась в реструктуризации его деятельности[8], и привести к повышению связности между миссией БРК и финансируемыми проектами.[9]

Следует повысить статус службы внутреннего аудита холдинга «Байтерек». В настоящее время роль службы внутреннего аудита холдинга «Байтерек» ограничена по сфере охвата и операциям. Чтобы стать эффективной, корпоративная служба внутреннего аудита должна расширить сферу своей деятельности и осуществлять надзор над всеми видами деятельности Группы «Байтерек», особенно над теми, которые осуществляются дочерними организациями. Внутренний аудит должен иметь неограниченный доступ ко всей информации и деятельности во всей группе, готовить корпоративные методологии, участвовать в планировании аудита в масштабах всей группы и иметь возможность давать рекомендации организациям группы. Следует учредить комитеты в масштабе всей группы для обеспечения координации с местными подразделениями, с тем чтобы они могли эффективно выполнять свои корпоративные функции. С этой целью должна быть установлена функциональная вертикаль подчиненности между подразделениями внутреннего аудита дочерних организаций и службой внутреннего аудита холдинга «Байтерек» в дополнение к иерархической зависимости местных подразделений от соответствующих комитетов по аудиту советов директоров. Следует отметить, что эта новая корпоративная модель надзора, как ожидается, не приведет к существенному дублированию, поскольку местные подразделения будут по-прежнему отвечать за проведение внутреннего аудита в соответствии с их корпоративными полномочиями. Отсутствие функции внутреннего аудита в масштабах группы может подорвать надзорную роль холдинга «Байтерек», что поставит под сомнение применение модели 3LoD на уровне группы.[10]

На уровне холдинга «Байтерек» необходимо создать функцию мониторинга комплаенса, что позволить должным образом контролировать соблюдение законов, правил, внутренних кодексов и т. д. на уровне группы. С этой целью функция мониторинга комплаенса будет внедрять инструменты для обеспечения того, чтобы деятельность группы осуществлялась в соответствии с применимыми правовыми актами и этическими стандартами. Среди прочего, эти функции надзора будут включать разработку в масштабах всей группы корпоративной политики и механизмов для информирования о нарушениях, надзора за применением кодекса поведения, обеспечения защиты данных, комплаенса клиентов и применения правил устойчивого развития, чтобы избежать гринвошинга (экологичное позиционирование компании/организации или товара/услуги без достаточных для этого оснований. Прим. переводчика).

Функцию корпоративного управления рисками холдинга «Байтерек» следует продолжать развивать на основе существующего подхода. Функция управления рисками холдинга «Байтерек» должна играть ключевую роль в определении консолидированного показателя готовности к риску и корпоративной политики управления рисками, с целью обеспечения того, что холдинг «Байтерек» может обеспечить консолидированный надзор за управлением рисками всей группы. Более того, директор по управлению рисками должен отчитываться непосредственно перед комитетом по рискам совета директоров холдинга «Байтерек».

В таблице 7.1 приведены подробные рекомендации по структуре и механизмам управления рисками холдинга «Байтерек».

ТАБЛИЦА 7.1 **Рекомендации: Структура и механизмы управления рисками**

МЕРОПРИЯТИЯ	ОТВЕТСТВЕННАЯ ОРГАНИЗАЦИЯ	ОЖИДАЕМЫЙ РЕЗУЛЬТАТ
Укрепление подразделения управления рисками на уровне холдинга «Байтерек» для обеспечения наличия у него достаточных ресурсов, статуса и профессиональных знаний для выполнения обязанностей по надзору в рамках всей группы;	Холдинг «Байтерек»	Расширение возможностей управления рисками на уровне холдинга «Байтерек» Укрепление модели корпоративных рисков
Модернизация подразделения внутреннего аудита холдинга «Байтерек» до полноценного подразделения группы, в том числе путем внесения изменений в его устав, порядок подчиненности и распределения ресурсов	Холдинг «Байтерек»	Совершенствование системы внутреннего контроля холдинга «Байтерек» на консолидированном уровне
Создание подразделений по мониторингу комплаенса в холдинге «Байтерек» и его дочерних организациях, которые частично заменяют существующие функции внутреннего контроля	Холдинг «Байтерек»	Повышение актуальности и контроля над вопросами мониторинга комплаенса, включая противодействие коррупции, гринвошинг, ПОД/ФТ и защиту данных
Обеспечение того, чтобы решения об андеррайтинге кредитных рисков принимались на уровне БРК и не подвергались политическому влиянию.	Холдинг «Байтерек», БРК	Более надежные стандарты андеррайтинга кредитных рисков, отсутствие конфликта интересов.

Источник: Всемирный банк.
Примечание: ПОД/ФТ = противодействие отмыванию денег и финансированию терроризма; БРК = Банк развития Казахстана.

ПРИМЕЧАНИЯ

1. Касательно коммерческих предприятий, связанных с корпоративной финансовой деятельностью, в будущем может быть достигнута ограниченная синергия или интеграция, если АО «Аграрная кредитная корпорация» (АКК) решит разработать соглашения о совместном кредитовании с банками второго уровня или микрофинансовыми организациями; этот шаг предусмотрен в стратегическом плане АКК на 2020– 2023 годы. АКК может воспользоваться возможностями синергии с Фондом развития предпринимательства (фондом «ДАМУ»), поскольку он обладает ноу-хау в применении таких механизмов косвенного кредитования. Эта совместная инициатива может быть особенно актуальной в условиях все более широкого распространения продуктов АКК по сторонним каналам.
2. Холдинг «Байтерек» также развивает и другие функции: например, управление казначейством на уровне группы (включая структуру внутригруппового кредитования, предоставление гарантий финансирования некоторых дочерних организаций, контроль над валютным риском и внедрение консолидированных лимитов по обязательствам дочерних организаций перед банками второго уровня.
3. Несмотря на привлечение облигаций на рынке, и даже учитывая, что одной из целей АКК является снижение зависимости от государственных источников финансирования, перспектива становления финансово самодостаточной организацией представляется довольно отдаленной.
4. Более того, качество активов БРК оставалось на относительно низком уровне: неработающие кредиты составляли 2,75 процента по состоянию на июнь 2022 года. Качество значительно снизилось после очень высокого уровня, наблюдавшегося с момента начала мирового финансового кризиса. Доля неработающих кредитов подскочила после пандемии COVID-19 (1,7 процента на конец 2019 года), но все еще находилась на приемлемом уровне.
5. Модель 3LoD уже внедрена в некоторых дочерних организациях и в материнской компании.
6. В настоящее время подразделения по управлению рисками могут иметь такую двойную подчиненность (ситуация неясна), но к службам внутреннего аудита это не относится.
7. Более подробную информацию о типе структуры, обсуждаемой здесь, можно найти в годовой отчетности банков; Absa Group Limited (2023), FirstRand (2023), HSBC (2023), Nedbank Group (2023), and SBG (2023).
8. Среди прочих факторов, План действий, утвержденный Правительством в январе 2022 года, также, возможно, стал причиной существенных изменений в Плане стратегического развития БРК, включая: (i) банковское софинансирование государственно-частных

партнерств БРК; (ii) исключение финансирования проектов и операций в квазигосударственном секторе; (iii) сокращение участия БРК в финансировании туризма, спорта и отдыха, гостиничного сектора, а также связи и телекоммуникаций; (iv) постепенное сокращение операций межбанковского кредитования; и (v) требование повысить прозрачность финансируемых проектов.

9. Отдельные данные наблюдения указывают на несоответствие между миссией БРК и типами финансируемых проектов. Миссия БРК (как указано на его вебсайте, https://www.kdb.kz/en/bank/about-us/) состоит в том, чтобы «содействовать устойчивому развитию национальной экономики путем инвестиций в несырьевой сектор страны», немалая доля кредитного портфеля вложена в горнодобывающий сектор (15,7 процента по состоянию на июнь 2022 года, согласно данным, предоставленным БРК).
10. Несмотря на то, что ограниченность функции внутреннего аудита холдинга «Байтерек» с точки зрения масштаба применения и ресурсов может быть объяснена желанием избежать дублирования ресурсов, широкий круг полномочий внутреннего аудита является ключевым фактором для обеспечения морального веса и доверия к функции надзора БРК за деятельностью всей группы. Таким же стремлением избежать дублирования функций можно объяснить и функцию управления рисками на уровне холдинга «Байтерек».

СПРАВОЧНЫЕ МАТЕРИАЛЫ

ABSA Group Limited (2023 год). Сводный отчет за 2022 год. https://www.absa.africa/wp-content/uploads/2023/03/2022-Absa-Group-Limited-Integrated-Report.pdf

АКК (АО «Аграрная кредитная корпорация). 2022 год. Финансовая отчетность за 2021 год. https://agrocredit.kz/upload/iblock/199/t87epihu8yxu3symfdht2uw4ey5ecyx0.pdf

EBA (Европейское банковское управление). 2021 год. Руководство по внутреннему управлению в соответствии с Директивой 2013/36/EU (EBA/GL/2021/05) https://www.eba.europa.eu/sites/default/documents/files/document_library/Publications/Guidelines/2021/1016721/Final%20report%20on%20Guidelines%20on%20internal%20governance%20under%20CRD.pdf

Холдинг «Байтерек», Казахстан, 2022 год.Годовой отчет, https://baiterek.gov.kz/upload/iblock/034/flefgaupii69pi38pa6x50xpp7ae7fqo/Baiterek_AR_2021_EN_int.pdf

BCBS (Базельский комитет по банковскому надзору), 2015 год. «Руководство по Принципам корпоративного управления для банков. https://www.bis.org/bcbs/publ/d328.pdf

Фонд «ДАМУ», 2022 год Годовой отчет АО «Фонд развития предпринимательства «Даму». https://damu.kz/upload/iblock/fc1/1480h8h30fcmip7vu5imt3cohs4pcq7e/%D0%93%D0%9E%D0%94%D0%9E%D0%92%D0%9E%D0%99%20%D0%9E%D0%A2%D0%A7%D0%95%D0%A2%202021%20(%D0%B0%D0%BD%D0%B3%D0%BB).pdf

БРК (Банк развития Казахстана). 2022 год. Годовой отчет АО «Банк Развития Казахстана» за 2021 год. https://www.kdb.kz/en/investors/financial-and-annual-reporting/

First Rand. 2023 год. Сводный отчет за 2022 год. https://www.firstrand.co.za/media/investors/annual-reporting/firstrand-annual-integrated-report-2022.pdf

HSBC, 2023 год. Годовой отчет, 2022 год https://www.hsbc.com/investors/results-and-announcements/annual-report

Nedbank Group. 2023 год. Направление 3 и Отчет по управлению рисками и капиталом за год, закончившийся 31-го декабря 2022 года. https://www.nedbank.co.za/content/dam/nedbank/site-assets/AboutUs/Information%20Hub/Integrated%20Report/2023/Pillar%203%20Risk%20and%20Capital%20Management%20Report%20for%20the%20period%20ended%2031%20December%202022.pdf

АО «Отбасы банк», 2022 год Годовой отчет, 2021 год, Казахстан. https://hcsbk.kz/Otbasi_AR-2021_Book-Eng-.pdf

SBG (Standard Banking Group). 2023 год. Отчет по управлению рисками и капиталом за год, закончившийся 31-го декабря 2022 года. https://thevault.exchange/?get_group_doc=18/1680199049-SBG2022RiskandCapitalManagementReport.pdf

8 Сторонний надзор и конкурентная нейтральность

Холдинг «Байтерек» является нерегулируемой финансовой холдинговой компанией, которая в тоже время владеет несколькими регулируемыми финансовыми дочерними организациями. С точки зрения платежеспособности Агентство по регулированию и развитию финансовых рынков (АРРФР) регулирует АО «Отбасы банк», банк второго уровня, а также основные юридические лица агропромышленного комплекса (АО «Аграрная кредитная корпорация» [АКК] и АО «КазАгроФинанс»). Поскольку они не являются депозитными учреждениями, к ним применяется менее строгий режим регулирования. К другим организациям группы применяются регулятивные правила достаточности капитала, устанавливаемые АРРФР. Важно отметить, что две основные кредитующие организации группы и системно-значимые кредиторы (финансовые организации) в своих соответствующих секторах - Банк развития Казахстана (БРК) и Фонд развития предпринимательства (фонд «ДАМУ») - не регулируются и не подлежат пруденциальному надзору.

Применение правил, определяющих банковские группы, может привести к (обязательному) консолидированному надзору за группой «Байтерек» со стороны АРРФР. Холдинг «Байтерек» следует идентифицировать как финансовую холдинговую компанию, таким образом, расширяя сферу регулирования и надзора со стороны АРРФР до консолидированного уровня. Следовательно требования к капиталу, ликвидности, корпоративному управлению или концентрации будут применяться на уровне холдинга «Байтерек» в дополнение к текущим применимым требованиям к АКК, КазАгро и АО «Отбасы банк» на индивидуальной основе. Идентификация холдинга «Байтерек» в качестве материнской финансовой холдинговой компании банковской группы точно отражает его деятельность. Например, холдинг «Байтерек» в настоящее время владеет двумя казахстанскими банками (АО «Отбасы банк» и «Береке банк», бывшая казахстанская дочерняя структура Сбербанка), чьи дочерние организации занимаются финансовым посредничеством. Определение финансового холдинга и банковской группы см. в BCBS (2023 год).

Возможная приватизация бывшей дочки Сбербанка (АО «Береке банк») не повлияет на аргументы в пользу распространения регулирования и надзора на холдинг «Байтерек» на консолидированной основе. При текущем сценарии, когда холдинг «Байтерек» владеет двумя крупнейшими системообразующими банками второго уровня в Казахстане, разумеется, это политическое решение является более неотложным. Тем не менее, если АО «Береке банк» будет в конечном счете приватизировано, то холдинг «Байтерек» по-прежнему останется холдинговой компанией крупного системообразующего банка (АО «Отбасы банк») и других дочерних организаций Уровня 2. Холдинговая компания продолжит оказывать услуги финансовое посредничества в таких системообразующих видах деятельности, как сельское хозяйство, кредитование малых и средних предприятий (МСП) и страхование экспорта. Таким образом, аргументы в пользу консолидированного надзора за холдингом «Байтерек» останутся вескими.

Финансовая стабильность является еще одним весомым аргументом в пользу распространения регулирования и надзора на консолидированной основе на холдинг «Байтерек». Во-первых, консолидированные активы холдинга «Байтерек» превышают 10 процентов валового внутреннего продукта Казахстана и составляют около 26 процентов всех активов банковского сектора; эти доли указывают на его системную значимость. Во-вторых, холдинговая компания играет ключевую роль в обеспечении важнейших экономических функций казахстанских домохозяйств и юридических лиц. Как упоминалось выше, АО «Отбасы банк»» являются ключевым игроком в ипотечном кредитовании физических лиц, что поднимает серьезные вопросы о замещаемости его функций, что является критерием при определении системно важных финансовых институтов на местном уровне. По состоянию на 2023 год, депозитный портфель «АО «Отбасы банк»» включает значительную долю населения Казахстана. Подгруппа, работающая в сельском хозяйстве, выполняет важнейшие экономические функции для заемщиков из сектора сельского хозяйства, которые могут столкнуться с финансовыми проблемами, если деятельность группы внезапно нарушится или прекратится. Доступ около 40 процентов МСП к внешнему финансированию зависит от Группы «Байтерек», в частности, от фонда «ДАМУ». Кроме того, доступ к долгосрочному финансированию инфраструктуры и производства для казахстанской экономики обеспечивает БРК. В меньшей степени от Группы «Байтерек» и ее дочерней организации Qazaqstan Investment Corporation (QIC) (бывшее АО «Казына Капитал Менеджмент» [ККМ]) зависит предоставление стартового, венчурного и частного прямого финансирования основного капитала. Размер Группы «Байтерек», критически важные экономические функции, которые она выполняет, а также сомнения в том, что какой-либо казахстанский банк второго уровня сможет выйти на рынок и заменить холдинг «Байтерек» или его часть являются вескими аргументами в пользу необходимости укрепления нормативно-правовой и регуляторной базы, применимой к холдингу «Байтерек».

Распространение пруденциального надзора за холдингом «Байтерек» на консолидированный уровень будет иметь несколько преимуществ. Во-первых, это поставит в регулятивные рамки некоторые виды деятельности, которые в настоящее время оказывают чрезмерное влияние на профиль рисков холдинга «Байтерек», в частности на риски БРК и фонда «ДАМУ». Кроме того, функции внутреннего контроля холдинга «Байтерек» и тех дочерних организаций, на которые нормы регулирования не распространяются, скорее всего, будут значительно усовершенствованы после ожидаемого усиления надзорного давления, которое повлечет за собой пруденциальная консолидация. Будут подняты вопросы об инструментах, политиках, процедурах и ресурсах управления рисками, которые в настоящее время применяет холдинг «Байтерек». Будет обращено внимание на потенциальные конфликты интересов, которые могут возникать в группе. Таким образом, распространение консолидации на всю группу может стать положительным фактором, позволяющим компаниям группы привлекать финансирование (заемный капитал) или соинвестирование (основной капитал) на рынке. Консолидированный надзор может помочь повысить доверие инвесторов, так как большинство активов холдинговой компании в настоящее время исключены из сферы пруденциального надзора.

Можно привести несколько аргументов против расширения сферы банковского надзора, но они могут быть недостаточно обоснованными или весомыми. Во-первых, требования в отношении капитала, ликвидности и концентрации, установленные на консолидированном уровне, могут ограничить финансовые возможности холдинга «Байтерек» и его дочерних организаций с точки зрения предоставления финансирования для выполнения их миссии и целей. Действительно, большинство этих показателей уже добровольно были приняты холдингом «Байтерек» на консолидированном (и индивидуальном) уровне. Таким образом, эти показатели, вероятно, подходят для обеспечения надежной капитализации, достаточности ликвидности и лимитов концентрации на уровне группы. Еще один возможный аргумент заключается в том, что финансовая и операционная автономия регулируемых организаций (особенно АО «Отбасы банк») делают консолидацию излишней. Однако общую картину рисков, принимаемых группой, вряд ли можно считать неактуальной, особенно при наличии определенных кредитных рисков (например, рисков, исходящих от банков второго уровня через АО «Отбасы банк», АКК или КазАгро) или нефинансовых рисков (например, возможность того, что репутационные и операционные риски дочерних организаций могут затронуть холдинг «Байтерек» и другие дочерние организации). И, наконец, можно утверждать, что государственная собственность и политизированное корпоративное управление холдинга «Байтерек» могут сделать АРРФР бессильным с точки зрения обеспечения исполнения требований. Но тот же самый аргумент не поддерживает необходимость в исключении банков, находящихся в собственности государства, из сферы применения пруденциального надзора. Кроме того, Принципы Базель III не предполагают какого-либо освобождения по признаку принадлежности государству банка или финансового учреждения (Базель 2023).

АРРФР также могло бы распространить свой пруденциальный надзор на БРК на индивидуальной основе. Финансовая природа рисков БРК (кредитные и финансовые риски) уже могла бы стать достаточно веским основанием для того, чтобы начать применять к БРК требования по банковскому надзору. Ряд банков развития по всему миру подлежат пруденциальному надзору как в развитых, так и в развивающихся странах.[1] Некоторые банки развития исключены из сферы банковского надзора, такие как HBOR в Хорватии, Внешкомбанк в Российской Федерации или недавно созданный британский Business Bank. Примечательно, что БРК уже рассчитывает свою готовность к риску, используя основные регуляторные показатели (достаточность капитала, коэффициенты краткосрочной ликвидности), таким образом, подразумевая их эффективность и применимость для мониторинга своего финансового положения. Более того, введение пруденциального регулирования и надзора для БРК может дать несколько преимуществ: это могло бы усилить потенциал приемлемого риска БРК и его самодостаточности, модернизировать методы корпоративного управления и прозрачности БРК, снизить неоправданное политическое вмешательство в дела банка, акцентировать внимание на ЭСУ (экологическое, социальное и корпоративное управление) аспектах и аспектах устойчивости,[2] повысить прозрачность своей деятельности, особенно в условиях введения АРРФР нового пруденциального требования по раскрытию информации для банков второго уровня. Таким образом, внешний пруденциальный надзор может уравновесить давление, направленное на предоставление большего количества кредитов (по более низким ценам и на более длительные сроки), с более жесткими требованиями по управлению рисками. Тем не менее, некоторые исключения могут быть предоставлены, учитывая оптовую модель и бездепозитную деятельность БРК (МВФ, 2022 год). Следуя моделям других банков развития, БРК можно было бы освободить от выполнения некоторых требований, таких как лимиты на концентрацию кредитов или минимальные требования к ликвидности. И, наконец, можно утверждать, что, хотя БРК не может быть привлечен к обычному производству по делу о несостоятельности, распространение банковского надзора на БРК могло бы снизить риск убытков и, следовательно, лучше защитить средства налогоплательщиков. Подробное обсуждение обоснования и последствий распространения регулирующего и надзорного периметра на государственные банки см. у Адамс и др. (2022 год) и Мейерхоф, Палермо и Гутерриш (2022 год).

Однако АРРФР не будет наиболее подходящей организацией для оценки соответствия дочерних организаций холдинга «Байтерек» своим целям и миссиям в сфере развития. АРРФР является пруденциальным регуляторным органом и поэтому специализируется на оценке рисков, методов внутреннего управления, достаточности капитала и ликвидности. Оценка соответствия целям в области развития будет выходить за рамки текущей сферы деятельности и потенциала агентства. Тем не менее, АРРФР может играть активную роль в обеспечении того, чтобы Группа «Байтерек» регулярно оценивала климатические и экологические риски (или, в более широком смысле, ЭСУ риски), которым она может быть подвержена. Рациональное управление этими рисками должно быть приоритетом для холдинга «Байтерек», особенно с учетом той роли, которую могут играть дочерние организации холдинговой компании в направлении средств на борьбу с изменением климата. Обязательства Казахстана в рамках Парижского соглашения и усилия по адаптации к изменению климата потенциально могут сделать финансовую роль холдинга «Байтерек» и его роль в создании рынка гораздо более важной.

В Таблице 8.1 представлены рекомендации по стороннему надзору и конкурентной нейтральности холдинга «Байтерек».

ТАБЛИЦА 8.1 Рекомендации: Сторонний надзор и конкурентная нейтральность

МЕРОПРИЯТИЯ	ОТВЕТСТВЕННАЯ ОРГАНИЗАЦИЯ	ОЖИДАЕМЫЙ РЕЗУЛЬТАТ
Распространить нормы регулирования и надзора на холдинг «Байтерек» на консолидированной основе	МНЭ, МФ, АРРФР	Повышение финансовой стабильности, надежности корпоративного управления и улучшение управления рисками для холдинга «Байтерек»
Воздержаться от исключения АО «Отбасы банк» из сферы регулирования и надзора	МНЭ, МФ, АРРФР	Финансовая стабильность, высокие стандарты платежеспособности, ликвидности, корпоративного управления и управления рисками для АО «Отбасы банк»
Рассмотреть вопрос о распространении норм регулирования и надзора на индивидуальной основе на БРК с потенциальным применением исключений и изъятий при условии, что это обосновано полномочиями и видом деятельности	МНЭ, МФ, АРРФР	Финансовая стабильность, более высокие стандарты управления рисками, платежеспособности, ликвидности, корпоративного управления для БРК; повышение прозрачности деятельности БРК.

Источник: Всемирный банк.
Примечание: АРРФР = Агентство по регулированию и развитию финансового рынка; БРК = Банк развития Казахстана; МНЭ = Министерство национальной экономики; МФ = Министерство финансов.

ПРИМЕЧАНИЯ

1. Примеры развитых стран включают Банк развития KfW в Германии, Caisse des Dépôts et Consignations (CDC) во Франции, Cassa Depositi e Prestiti (CDP) в Италии, Instituto de Crédito Oficial (ICO) в Испании и Banco Português de Fomento (BPF) в Португалии. В качестве примеров из развивающихся стран можно назвать Banco Nacional de Desenvolvimento (BNDES) в Бразилии, Корейский банк развития в Республике Корея, Bank Gospodarstwa Krajowego (BGK) в Польше, Банк развития Северной Македонии и Банк развития Болгарии.
2. Поскольку во всем мире пруденциальный надзор сосредоточен на ЭСУ и климатических рисках, он побуждает банки развивать свои возможности в области устойчивого финансирования.

СПРАВОЧНЫЕ МАТЕРИАЛЫ

Адамс М.А., Айдин Х.И., Чу Х.К., Морозова А., Сонбул Искендер Е. 2022 год. «Регулирование, надзор и управление неплатежами в государственных банках.» Международный валютный фонд (DP/2022/010). https://www.imf.org/en/Publications/Departmental-Papers-Policy-Papers/Issues/2022/04/28/Regulating-Supervising-and-Handling-Distress-in-Public-Banks-511609

Мейерхоф Б., Палермо Д., Гутерриш Е. 2022 год. Ключевые атрибуты эффективных режимов урегулирования несостоятельности финансовых учреждений для государственных банков. Всемирный банк. https://elibrary.worldbank.org/doi/abs/10.1596/38111

Базельский комитет по банковскому надзору. 2023 год. Базельские принципы. https://www.bis.org/basel_framework/index.htm

9 Прозрачность и раскрытие информации

Эта глава разбита на три части: В первом разделе рассматривается международный опыт и передовая практика в области прозрачности и раскрытия информации в финансовых институтах развития. Во втором разделе рассматриваются основные публикации и раскрытие информации холдингом «Байтерек» и его дочерними организациями с акцентом на измерение воздействия. В третьем разделе представлены рекомендации по укреплению практики прозрачности и раскрытия информации холдингом «Байтерек».

МЕЖДУНАРОДНЫЙ ОПЫТ И ПЕРЕДОВАЯ ПРАКТИКА

Руководство Организации экономического сотрудничества и развития (ОЭСР) по корпоративному управлению предприятиями в собственности государства (ПСГ) призывает ПСГ осуществлять свою деятельность на тех же принципах, что и компании, зарегистрированные на бирже, в частности придерживаться высоких стандартов бухгалтерского учета, комплаенса и аудита (ОЭСР, 2015 год). В основные документы, подлежащие раскрытию, входят: (i) финансовые и операционные результаты деятельности и лежащие в их основе мероприятия, направленные на достижение целей государственной политики; (ii) структура управления, собственности и распределения голосов на предприятии, дополненная отчетом о применении кодекса корпоративного управления; (iii) размер вознаграждения членов совета директоров и ключевых руководителей; (iv) результаты тестирования на профессиональную пригодность и добросовестность членов совета директоров, наряду с процессом их отбора, а также их служебные функции и обязанности; (v) управление основными рисками; (vi) любая прямая или косвенная финансовая поддержка, полученная от правительства и связанных с ним учреждений, а также любые существенные операции с государством и другими аффилированными организациями; и (vii) любые актуальные вопросы, касающиеся сотрудников и других заинтересованных сторон.

В 2020 году ОЭСР опубликовала аналитический отчет, в котором оценивается эффективность национальных юрисдикций в реализации принципов раскрытия информации и прозрачности, изложенных в Руководстве (ОЭСР, 2020 год). В общей сложности 27 юрисдикций самостоятельно предоставили информацию о своем прогрессе, и в отчете основное внимание уделялось государственным предприятиям (как финансовым, так и нефинансовым), работающим на конкурентных рынках и занимающимся экономической и коммерческой деятельностью. Основные выводы этого отчета заключались в следующем:

- *Почти все рассмотренные юрисдикции применяют те же требования к раскрытию информации, что и частные компании.* Некоторые юрисдикции вводят дополнительные требования, которые во многих случаях охватывают обязательства по оказанию государственных услуг и отчетность о фондировании и финансировании некоммерческих целей. В большинстве случаев законодательство требует публичного раскрытия информации, а несоблюдение влечет за собой наказание. Соблюдение принципов резюмируется на Панели А Рисунка 9.1.
- *Надежность и достоверность финансовой информации, раскрываемой ПСГ, в значительной степени зависят от контролирующей среды.* Во-первых, финансовая отчетность ПСГ должна быть подготовлена в соответствии с международными и национальными стандартами бухгалтерского учета. Во-вторых, финансовые отчеты должны пройти аудит со стороны независимых внешних аудиторов. В-третьих, внутренний аудит и контроль должны быть организованы в соответствии со стандартами, установленными Институтом внутренних аудиторов и другими организациями, уполномоченные устанавливать стандарты. И, наконец, внешний и внутренний аудиты должны быть дополнены регулярными государственными инспекциями. Соблюдение принципов резюмируется на Панели B Рисунка 9.1.

РИСУНОК 9.1

Международный опыт: раскрытие и контрольная деятельность

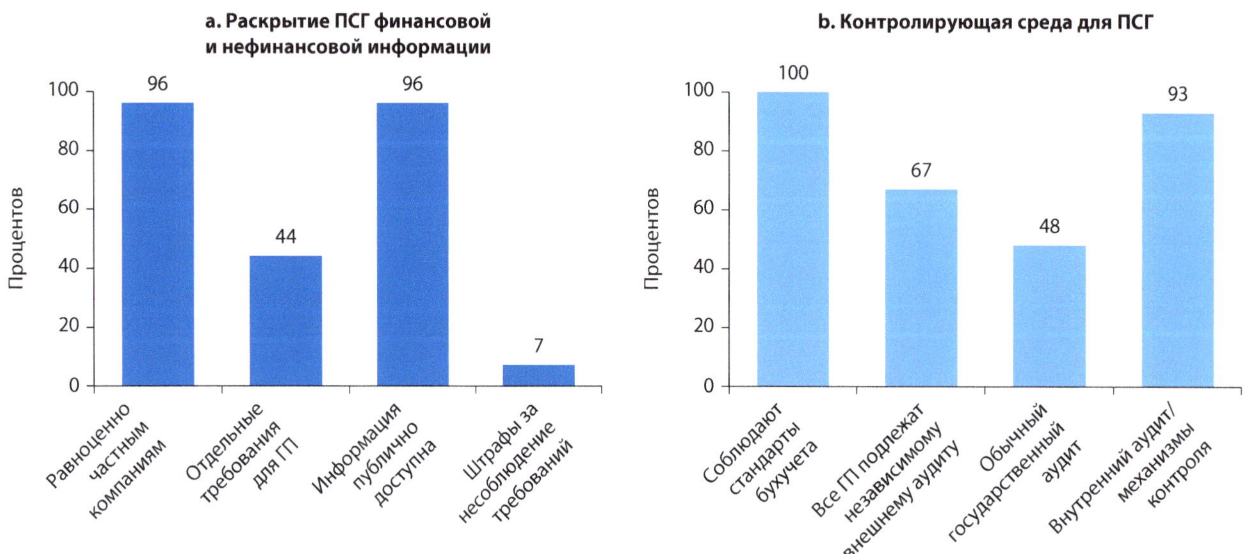

Источник: ОЭСР, 2020 год

Примечание: ПСГ = предприятие в собственности государства. Заметьте, что: (i) выборка включает только коммерчески ориентированные ПСГ; (ii) юрисдикции, представившие отчетность, указали, что они требуют, чтобы крупные, зарегистрированные на бирже и финансовые ПСГ соблюдали Международные стандарты финансовой отчетности (МСФО) или Общепринятые принципы бухгалтерского учета (ОПБУ); (iii) требование о независимом внешнем аудиторе применяется в Аргентине только к крупным, зарегистрированным на бирже и финансовым ПСГ, в Бельгии и Японии - к зарегистрированным на бирже ПСГ, в Коста-Рике - к финансовым ПСГ, а в Германии, Словацкой Республике и Турции - к крупным ПСГ; (iv) в 12 представленных юрисдикциях государственный аудит проводится по мере необходимости, и эта практика не одобряется Руководством. (v) во всех представленных юрисдикциях (кроме Венгрии и Польши) нет конкретных требований к ПСГ в отношении внутреннего аудита/контроля.

- *Раскрытие информации, касающееся конкурентной нейтральности, является ключевым аспектом государственного регулирования ПСГ.* Из 27 охваченных отчетом юрисдикций в 15 требуют от ПСГ раскрывать информацию о финансовой поддержке государства в своих годовых отчетах или финансовых отчетах. Бельгия требует от ПГС включать в отчет законодательную и нормативно-правовую базу, цели политики, форму, дату и общую сумму финансовой поддержки, полученной от государства. Эстония и Израиль не только предъявляют требования к отчетности, но также раскрывают информацию о государственной поддержке через специальные реестры или базы данных. Закон о прозрачности Швеции требует, чтобы ПСГ отчитывались об использовании средств, предоставленных государством. В большинстве стран требования к отчетности о конкурентной нейтральности включены в законодательные акты по вопросам конкуренции, бухгалтерского учета, рынка ценных бумаг и мер государственной поддержки, а в случае Бразилии соответствующие положения включены в Конституцию.

ПРАКТИКА РАСКРЫТИЯ ИНФОРМАЦИИ И ОБЕСПЕЧЕНИЯ ПРОЗРАЧНОСТИ ХОЛДИНГА «БАЙТЕРЕК» И ЕГО ДОЧЕРНИХ ОРГАНИЗАЦИЙ

В соответствии Руководством ОЭСР холдинг «Байтерек» и его дочерние организации готовят и раскрывают финансовую и нефинансовую информацию, однако многое еще можно усовершенствовать. Общая отчетность включает, помимо прочего, годовые отчеты, аудированную финансовую отчетность и промежуточные отчеты об операционных и финансовых результатах деятельности. Также через веб-сайты холдинга «Байтерек» можно получить информацию о корпоративном управлении, включая структуру управления (организационные схемы), состав совета директоров, обязанности и комитеты совета директоров, состав высшего руководства, основные решения совета директоров и кодексы этики. Однако информация о выдвижении и отборе членов совета директоров и топ-менеджеров правления ограниченная.

Холдинг «Байтерек» раскрывает информацию, относящуюся к конкурентной нейтральности, но уровень раскрытия информации варьируется в зависимости от дочерних организаций. В целом, холдинговая компания и его дочерние организации публикуют руководства по закупкам, а в некоторых ограниченных случаях они указывают данные о фактическом выполнении этих руководств. Информация о более важных аспектах конкурентной нейтральности, включая финансовую поддержку, регуляторные исключения, привлечение капитала и условия финансирования, недостаточна, а способы раскрытия информации не полностью согласованы между дочерними организациями.

В последнее время дочерние организации холдинга «Байтерек» предприняли шаги по количественной оценке воздействия своей деятельности на развитие и обнародовали параметры воздействия для широкой общественности. С помощью опубликованных параметров предпринималась попытка количественно оценить воздействие как на показатели макро-, так и микроуровня. В некоторых случаях в соответствующих отчетах также представлена информация о воздействии на региональном уровне. Кроме того, несколько дочерних организаций опубликовали отчёты, сравнивающие свою деятельность с международными аналогами. Такие методы раскрытия информации, направленные на прозрачное измерение и мониторинг воздействия, что в целом повышает прозрачность операций холдинга «Байтерек», приветствуются. Однако эти усилия могут быть значительно улучшены, как показано ниже, для нескольких отдельных дочерних организаций холдинга «Байтерек» - Банка развития Казахстана (БРК), Фонда развития предпринимательства (фонда «ДАМУ»), Qazaqstan Investment Corporation (QIC) и Казахстанской жилищной компании (КЖК).

Банк развития Казахстана

БРК публикует отчеты[1], в которых оценивается его воздействие на экономику в целом. Например, в недавнем отчете анализируется воздействие на макроуровне 293 проектов, реализованных в период с 2017 года по первый квартал 2021 года. БРК сотрудничал с Агентством по стратегическому планированию и реформам (АСПИР), Бюро национальной статистики и Комитетом государственных доходов Министерства финансов в целях публикации данного отчета, подготовленного с использованием информации, полученной из открытых источников и от клиентов БРК, включая информацию о доходах от реализации, объеме экспорта, новых рабочих местах и уплаченных налогах. Лежащая в основе методология оценки использует прямой и косвенный подходы, причем последний опирается на таблицы «затраты-выпуск». В отчете также дается количественная оценка воздействия с разбивкой по регионам и основным секторам экономики. Этот отчет является важным шагом в обоснования деятельности БРК. Тем не менее, лежащая в основе методология имеет значительные возможности для совершенствования, особенно подход к количественному определению экономической отдачи от БРК с учетом воздействия искажающих факторов, выявления и атрибуции воздействия БРК.

БРК также публикует отчеты о своем воздействии на отдельные отрасли экономики. Например, в недавнем отчете обсуждается влияние БРК на сталелитейную промышленность. В отчете представлена полезная информация о внешних факторах, влияющих на отрасль, месторождениях железной руды в Казахстане, анализе затрат на производство и основных проблемах, с которыми сталкивается сталелитейная промышленность. Тем не менее, отчет может быть усовершенствован за счет использования более тщательных аналитических методов, которые будут полезны для правильной количественной оценки влияния БРК на конкретные отрасли экономики.

БРК также опубликовал сравнительный анализ своей деятельности с международными аналогами. Например, в отчете, опубликованном в 2020 году, БРК сравнивается с аналогичными учреждениями в Бразилии, Китае, Эфиопии, Франции, Германии, Индии, Италии, Перу, Польше и Вьетнаме. В отчете основное внимание уделяется миссиям, стратегиям, финансовым показателям и макроэкономической среде, в которой функционируют эти учреждения. Однако отчет носит в основном описательный характер; поэтому в следующей версии можно включить анализ возможностей улучшения операции и организационной структуры БРК в соответствии с международным опытом оказания воздействия на развитие и создание рынка при приемлемых затратах для бюджета.

Фонд развития предпринимательства

Фонд «ДАМУ» публикует отчеты[2], демонстрирующие его воздействие на развитие микро-, малых и средних предприятий (ММСП). Например, в недавнем отчете фонда «ДАМУ» количественно оцениваются макроэкономическое воздействие операций фонда «ДАМУ» в период с 2014 по 2022 год, включая воздействие на инвестиции, занятость, выпуск продукции, налоговые поступления и структуру кредитного портфеля банков, и приводится обоснование деятельности фонда «ДАМУ» с использованием динамики этих показателей. Однако представленный в отчете подход к количественной оценке влияния принимаемых мер можно было бы доработать. В случае расширения доступа к финансовым услугам аргументация основана на совокупных изменениях в кредитном портфеле банков Уровня 2, но можно также учитывать должным образом развитие по альтернативным сценариям, вопросы атрибуции и воздействие искажающих факторов. В отчете также могут быть использованы последние разработки в области анализа альтернативных сценариев или синтетических методов контроля, которые позволяют надлежащим образом измерять эффект прироста и оттока инвестиций на уровне финансовых посредников. При проведении анализа необходимо изолировать эффект различных программ, таких как субсидирование процентных ставок по сравнению с гарантиями, с целью улучшения атрибуции воздействий и предотвращения двойного или тройного учета воздействия.

В отчетах фонда «ДАМУ» также анализируется его воздействие на региональное развитие. Эти региональные отчеты содержат подробную информацию о воздействии фонда «ДАМУ», а также о его ключевых продуктах, включая гарантии, условное размещение средств и субсидирование процентных ставок.[3] Основное преимущество этих отчетов заключается в выявлении проблем, с которыми сталкивается каждый регион. Например, в недавнем отчете фонда «ДАМУ» по Костанайской области подчеркивается неэффективность работы систем водоснабжения и энергоснабжения, отсутствие диверсификации (чрезмерная зависимость от сельского хозяйства и добывающей промышленности) и изношенная инфраструктура (включая автодороги, которые могли бы обеспечить доступ к рынкам). Еще одним преимуществом этих региональных отчетов является оценка их тенденций в различных секторах местной экономики и, самое главное, возможных путей решения проблем в регионах с участием фонда «ДАМУ». На следующем этапе в эти отчёты можно включить более подробный анализ о прямом воздействии фонда «ДАМУ» на развитие ММСП-бенефициаров, а также оценку о вторичном положительном эффекте на сектор ММСП в регионах или о развитии местного финансового рынка (банки, микрофинансовые организации, инвесторы), предоставляющего кредиты или финансирование капитала ММСП.

Фонд «ДАМУ» также публикует отчеты о гендерном влиянии своих операций. В недавнем отчете был представлен базовый анализ гендерной ситуации в сегменте МСП, включая процентную долю МСП и отраслевую разбивку предприятий, возглавляемых женщинами и основные международные сравнения с развитыми странами, такими как США, Канада и Республика Корея. В отчете также представлен гендерный охват основных продуктов фонда «ДАМУ», включая гарантии, субсидированные кредиты и процентные ставки. Согласно отчету, 50 процентов проектов, поддержанных фондом «ДАМУ», были связаны с женщинами-предпринимателями; однако денежная поддержка (сумма в тенге) составила лишь 19 процентов общей поддержки, предоставленной МСП. Это полезная статистика предоставляет возможность расширения анализа конечных результатов, включая гендерное воздействие, например увеличение количества ММСП, возглавляемых женщинами, в портфелях кредитов, выданных банками и микрофинансовыми организациями, на основе надлежащих альтернативных сценариев и стратегии идентификации.

Аналитические отчеты фонда «ДАМУ» также преследуют цель исследовать возможность разработки новых продуктов или расширения линейки существующих. Например, в недавних отчетах фонда «ДАМУ» анализируются возможности развития лизинговых и факторинговых продуктов, которые находятся на ранних стадиях разработки, несмотря на высокий уровень спроса со стороны ММСП. Отчет о рынке лизинга основан на опросе компаний, специализирующихся в этом сегменте рынка. В отчете показаны динамика и тенденции активов, обязательств и капитала отрасли. Также в нем представлена подробная информация о структуре лизингового портфеля, количестве подписанных договоров и разбивке портфеля по основным секторам экономики. В отчете сделаны важные выводы путем определения основных игроков рынка, с которыми фонд «ДАМУ» может сотрудничать в будущем, и количественной оценки возможного размера и типа вмешательства фонда «ДАМУ» на рынке. В отчёте также справедливо отмечается, что на рынке лизинга доминируют квазифискальные институты (они занимают около 95 процентов лизингового рынка), включая дочернюю организацию холдинга «Байтерек» «КазАгроФинанс». Оценка рыночных пробелов, проводимая «ДАМУ» и холдингом «Байтерек» в этой области могла бы быть сосредоточена на том, как холдинг «Байтерек» может содействовать частным учреждениям постепенно заменить квазифискальный сегмент рынка путем внедрения более эффективных и устойчивых механизмов финансирования и операций, в частности, путем поддержки продуктов разделения рисков от холдинга «Байтерек». Анализ рыночных пробелов очень полезен, но в более широком смысле анализ рыночных пробелов, мотивирующий интервенции холдинга «Байтерек», должен основываться на более глубоком понимании деловых и финансовых рисков и возможностей, с которыми ММСП сталкиваются в различных ситуациях — в зависимости от отрасли, размера, региона, подверженности стихийным бедствиям и т. д.

Фонд «ДАМУ» также проводит опросы удовлетворенности своих клиентов. Например, опрос, проведенный в 2019 году, охватил 620 предпринимателей из трех крупных городов (Нур-Султан, Алматы, Шымкент) и 14 областей. Более 90 процентов респондентов выразили высокую удовлетворенность программами фонда «ДАМУ». Кроме того, почти 97,5 процента респондентов выразили свое доверие фонду «ДАМУ». Обнадеживает тот факт, что исследование проводилось третьими сторонами, не связанными с фондом «ДАМУ», в том числе экспертами из академических учреждений. В целях повышения доверия к конечным результатам рекомендуется финансировать исследования не самим фондом «ДАМУ», а учреждениями, отвечающими за его мониторинг. Стоит также отметить, что около 50 процентов клиентов фонда «ДАМУ» были разочарованы довольно длительными сроками принятия решений, а более 40 процентов респондентов указали, что их обременило большое количество документации, необходимой для подачи заявки. Эти недостатки могут быть устранены путем цифрового развития холдинга, где базы данных могут предоставлять подробную информацию о клиентах получивших отказ, с соответствующей разбивкой по видам субсидий, кредитных линий и гарантии.

Аналитические отчеты фонда «ДАМУ» также охватывают отдельные тематические направления. Например, в недавнем отчете фонда «ДАМУ» исследуются возможности импортозамещения. Анализ фонда «ДАМУ» выявил товары и услуги на сумму 5,7 миллиардов долларов США, которые могут подлежать импортозамещению. Кроме того, исследование количественно оценило вероятность импортозамещения: 9 процентов продуктов и услуг имели низкую вероятность, 36 процентов - среднюю и 55 процентов - высокую вероятность импортозамещения. Будущие отчеты по импортозамещению могут быть улучшены за счет внедрения более стандартизированных методологий исследований, особенно по отношению к внешней торговле, которые могут дать представление об обосновании импортозамещения конкретных продуктов с учетом подробного анализа затрат и выгод.

Qazaqstan Investment Corporation

QIC (бывшее АО «Казына Капитал Менеджмент» [ККМ]) выпускает ежегодные отчеты[4] об устойчивом развитии, которые на сегодняшний день составляются в соответствии со стандартами Глобальной инициативы по отчетности. Экологическая часть отчета состоит из двух разделов: (i) деятельность QIC по сокращению потребления воды и энергии и сокращению отходов; и (ii) зеленые проекты, финансируемые за счет средств с участием QIC. Последний раздел включает четыре проекта по ВИЭ на сумму 12,4 миллиарда тенге (28 миллионов долларов США) общей мощностью 200 МВт. Социальная составляющая отчета в основном сосредоточена на внутренних вопросах, таких как льготы, образование, безопасность и здоровье работников. Этот раздел отчета можно расширить, включив в него рассмотрение социальных критериев, связанных с другими заинтересованными сторонами, включая клиентов, поставщиков и местные сообщества. Компонент корпоративного управления охватывает структуру управления, работу с конфликтами интересов, оценку совета директоров, политику компенсаций/вознаграждений и практику закупок. Отчет также освещает мероприятия QIC, направленные на достижение целей устойчивого развития 3, 4, 5, 8, 10, 11, 12, 16 и 17. На следующем этапе можно включить в отчёт более детальный анализ воздействия, например вопросы взаимодополняемости (вклада), атрибуции воздействия, альтернативных сценариев и искажающих результат факторов.

АО «Казахстанская жилищная компания»

На сайте КЖК размещена аналитическая площадка, на которой представлена подробная информация о жилищном секторе Казахстана. Эта площадка создана с использованием инструмента Power BI и имеет специальные информационные панели с подробной информацией о строительных компаниях, единицах жилья, новостройках, коммунальных услугах, доступных для единиц жилья, динамике цен и доступности жилья. Кроме того, площадка предоставляет информацию о социально-экономических показателях, полезных для анализа рынка жилья, включая общую численность населения, экономически активное население, миграционную статистику, средний размер домохозяйств, доходы и расходы домохозяйств. Большинство этих показателей представлены временными рядами с региональной разбивкой. Предоставляя полезную информацию как домохозяйствам, так и строительным компаниям, КЖК делает важный шаг, направленный на то, чтобы должным образом согласовать предложение жилья с рыночным спросом. Эта информация может помочь лицам, определяющим политику, принимать обоснованные решения в отношении государственных субсидий и поддержки. Основываясь на прогрессе, достигнутом в этом направлении, КЖК можно начать тщательную оценку воздействия и отчетности, в том числе по конечным бенефициарам (домохозяйствам, нуждающимся в жилье) и рынку ипотечных кредитов (частным банкам).

РЕКОМЕНДАЦИИ

Масштаб и диапазон операций холдинга «Байтерек» позволяют собирать большие объемы данных о его клиентах и партнерах, включая домохозяйства, предприятия и финансовых посредников. Однако данные на уровне клиентов в настоящее время не раскрываются бенефициарам или другим заинтересованным сторонам. Отсутствие данных создает трудности для аналитических центров, исследователей и других независимых групп в проведении анализа и оценок воздействия операций холдинга «Байтерек», тем самым снижая подотчетность и достоверность. Законодательство о конфиденциальности данных часто упоминается как существенное препятствие для распространения данных. Однако процессы анонимизации данных, включая использование масок, псевдонимизацию, обобщение, свопинг данных, перемешивание данных и методы синтеза данных, могут повысить прозрачность данных без нарушения законодательства о конфиденциальности; см. Общий регламент по защите персональных данных, ЕС, 2016 год.[5]

Прямое заимствование и условные обязательства, вытекающие из квазифискальной деятельности оказывают влияние на устойчивость долга. В последние годы холдинг «Байтерек» быстро наращивал свои обязательства, размещая облигации на местной фондовой бирже. Использование рынков капитала снизило зависимость холдинга «Байтерек» от бюджета, но в то же время усилило риски для прозрачности и устойчивости долга. Квазифискальная деятельность, особенно в форме гарантий, также увеличивает эти риски, если ими не управлять должным образом и не консолидировать на уровне правительства в целом. Поэтому Департамент государственного заимствования Министерства финансов совместно с холдинговой компанией должен стремиться улучшить процесс производства и публикации данных по долгу, гарантиям и другим квазифискальным рискам для суверенного долга, которые используются при принятии решений стратегическими инвесторами и государственными органами, отвечающими за управление долгом и обеспечение финансовой устойчивости. Крайне важно, чтобы эта информация была отражена в официальных документах, таких как механизм управления среднесрочным долгом, и раскрыта широкой общественности (см., например, МВФ (2021 год) о последних изменениях в работе «Механизм обеспечения устойчивости долга для стран с доступом к рынкам»).

Имеются значительные возможности для совершенствования системы налогово-бюджетной отчетности как со стороны холдинга «Байтерек», так и со стороны правительства. Например, средства, направляемые через АО «Байтерек» на конкретные государственные программы, следует четко отделять от финансовой поддержки, направляемой на операции АО «Байтерек», включая финансирование долга, субсидии, вливания капитала и рекапитализацию. В системе финансового бюджетирования следует предусмотреть отдельную строку для холдинга «Байтерек» с разбивкой по трансфертам и финансированию (займы, капитал). Раскрывая информацию о финансовой бюджетной поддержке, холдинг «Байтерек» и его дочерние организации должны предоставлять данные с большей детализацией, включая разбивку на полученные трансферты на субсидирование финансовых услуг, субсидии на собственные операции, трансферты на выполнение роли фискального агента; финансирование должно быть разбито на кредиты, депозиты, смешанные долговые обязательства, акционерный капитал и целевое финансирование для приобретения облигаций у местных исполнительных органов и другие операции, которые холдинговая компания проводит в качестве фискального агента. Требования по раскрытию информации, включая форматы, могут быть согласованы между всеми дочерними компаниями холдинга «Байтерек», а обозначение четких границ между налогово-бюджетной и нефинансовой отчетностью облегчит оценку эффективности (Парк, 2021 год).

Механизм оценки воздействия станет критически важным связующим звеном между производством и распространением данных. Однако имеются значительные возможности для совершенствования методологии оценки влияния на занятость, добавленную стоимость и окружающую среду. Независимые оценки воздействия могут также выходить за рамки конечных бенефициаров и включать аспекты создания рынков, относящиеся к финансовым посредникам. Этот шаг позволит холдингу «Байтерек» продемонстрировать, что он не использует модель «государство навсегда», и предоставит возможность привлекать частный капитал в определённые сегменты рынка. Обзор механизмов оценки воздействия, которые могут быть приняты холдингом «Байтерек» представлены, например, у Каннингэма, (2021 год); Гертлера и др., (2016 год); Уайта, (2009 год). Кроме того, такая независимая оценка не должна проводиться одной выбранной организацией, даже если она независима: все заинтересованные стороны должны иметь доступ к надлежащим необработанным данным, прошедшим процессы анонимизации и псевдонимизации, для проведения своей собственной независимой оценки. Чтобы следовать передовой практике оценки воздействия, холдинг «Байтерек» может рассмотреть возможность представления данных о своих бенефициарах и участвующих финансовых организациях (УФО) через Бюро национальной статистики и НБ РК или иным образом сотрудничать с Бюро, с тем чтобы обеспечить доступ к бенефициарам и соответствующим небенефициарам, а также УФО и другим финансовым учреждениям. Этот шаг позволил бы создать соответствующие пулы участвующих и контрольных групп, что сделает возможным проведение надлежащей оценки воздействия интервенций холдинга «Байтерек» на рынки. Следует учитывать результаты различных тщательных оценок воздействия и представлять их наблюдательному совету и высшему руководству холдинга «Байтерек» для принятия решений.

Процедуры производства и публикации данных должны соответствовать стандартизированной системе для обеспечения сопоставимости данных по различным направлениям деятельности холдинга «Байтерек». Вместе с тем, следует предусмотреть определенный уровень гибкости для учета конкретных условий и контекста проектов. Как правило, стандартизированная система должна основываться на подробных протоколах, которые позволяют обмениваться данными между ключевыми заинтересованными сторонами, обеспечивая таким образом прозрачность и подотчетность. Эти протоколы также должны содержать четкие указания по следующим этапам: планирование, реализация, оценка и распространение. С целью обеспечения того, чтобы собранные данные эффективно использовались при принятии решений, холдингу «Байтерек» следует разработать теорию изменений, перечислить ключевые показатели измерения (такие как данные о реальных результатах по физическим лицам/предприятиям, занятости, бедности, среди прочего), обосновать свой вклад, четко сформулировать, как можно достоверно определить атрибуцию в отношении воздействие на создание рынка и развитие и запросить, чтобы аудиторы включали в аудированные годовые отчеты предметные и достаточно подробные выводы о верифицированном воздействии на рынок и развитие. Верификация заявленных воздействий может проводиться регулярно специализированными компаниями и периодически Высшей аудиторской палатой (ВАП) и(или) АСПИР. Важно, чтобы частные компании по верификации воздействия оплачивались не за счет средств холдинга «Байтерек», а из независимых источников финансирования.

Производство и публикация данных холдинга «Байтерек» могут осуществляться в тесном сотрудничестве со всеми заинтересованными сторонами, включая государственные организации. Качество производства данных и последовательность необходимо обеспечить для различных проектов и целевых групп. Учитывая неоднородность целевых групп и сложность обследований/оценок, следует привлечь независимую организацию с достаточными человеческими ресурсами и потенциалом. Бюро национальной статистики является хорошим кандидатом, учитывая его опыт работы с микро- и макроданными, включая исследования домохозяйств и предприятий. Кроме того, для обеспечения актуальности и сопоставимости собранных данных было бы полезно разработать стандартизированные шаблоны вопросников для предприятий, домохозяйств и местных жителей, а также темы для структурированных интервью; они могли бы быть разработаны с учетом специфики дочерних организаций холдинга «Байтерек» по примеру перспективных инициатив фонда «ДАМУ». Что касается данных о воздействии УФО и холдинга «Байтерек» на создание рынка в различных сегментах финансовой системы, то для того, чтобы организовать надлежащую публикацию данных о масштабах и характере программ холдинга «Байтерек», в которых приняли участие все банки и небанковские финансовые учреждения, необходима координация с НБ РК.

Данные и анализ холдинга «Байтерек» должны эффективно распространяться среди всех тех, кто в состоянии их использовать. Возможные способы распространения включают публикации, размещение на веб-сайтах и посты в социальных сетях. Холдинг «Байтерек» также может проводить семинары и практические занятия для представления особенностей своих данных и обсуждения результатов анализа с лицами, разрабатывающими политику, партнерами по проектам и другими заинтересованными сторонами. Анализ данных и оценка воздействия, вероятно, будут генерировать информацию, которая будет иметь значение, выходящее за рамки оценки конкретного проекта, и крайне важно, чтобы полученные уроки распространялись среди всех соответствующих заинтересованных сторон.

В Таблице 9.1. Представлены рекомендации по повышению прозрачности и раскрытию информации, связанной с деятельностью холдинга «Байтерек», с тем чтобы в конечном итоге повысить подотчетность учреждения за результаты, повысить рыночную дисциплину и фискальную эффективность в отношении деятельности холдинга «Байтерек».

ТАБЛИЦА 9.1 Рекомендации: Прозрачность и раскрытие информации

МЕРОПРИЯТИЯ	ОТВЕТСТВЕННАЯ ОРГАНИЗАЦИЯ	ОЖИДАЕМЫЙ РЕЗУЛЬТАТ
Расширить раскрытие данных на уровне клиентов при условии надлежащей анонимизации и псевдонимизации, таким образом позволив заинтересованным сторонам, таким как аналитические центры и исследователи, проводить независимые исследования, анализ и оценку воздействия операций холдинга «Байтерек».	Холдинг «Байтерек» и дочерние компании	Повышение рыночной дисциплины и подотчетности
Усовершенствовать производство и публикацию данных о квазифискальных операциях, создающих риски для экономической приемлемости долга	МФ, холдинг «Байтерек» и дочерние организации	Усовершенствованная система управления долгом и повышенная устойчивость долга
Улучшить структуру налогово-бюджетной отчетности, в которой должно быть четко разграничено финансирование, субсидии и средства фискального агента.	МФ/МНЭ и холдинг «Байтерек»	Повышение налогово-бюджетной прозрачности по отношению к квазифискальным организациям
Проводить верификацию заявленного воздействия на регулярной основе специализированными компаниями и периодически АСПИР	Комитет по воздействию холдинга «Байтерек», ВАП, парламентский комитет, АСПИР	Повышение подотчетности за воздействие, оказанное такими квазифискальными учреждениями как холдинг «Байтерек»
Расширять сотрудничество с третьими сторонами (например, Бюро национальной статистики или НБ РК), специализирующимися на данных макро- и микроуровня, для повышения экономической эффективности и расширения охвата	Холдинг «Байтерек» и дочерние компании	Сокращение затрат на сбор данных и их доступность для оценки воздействия

Источник: Всемирный банк.
Примечание: ВАП= Высшая аудиторская палата; АСПИР = Агентство по стратегическому планированию и реформам; МНЭ = Министерство национальной экономики; МФ = Министерство финансов; НБ РК = Национальный банк Республики Казахстан.

ПРИМЕЧАНИЯ

1. Отчеты БРК доступны на веб-сайте организации.
2. Отчеты фонда «ДАМУ» доступны на веб-сайте организации.
3. Фонд «ДАМУ» также предлагает своим клиентам кредитные линии, и по состоянию на декабрь 2021 года имеющийся неиспользованный остаток составил 4,3 миллиарда тенге (~ 1,1 процента общих активов).
4. Отчеты БРК доступны на веб-сайте организации.
5. Недавний обзор методов анонимизации см. у Госвами и Мадана (2017), Маджида и Ли (2020 год); Мерфи и др. (2019 год).

СПРАВОЧНЫЕ МАТЕРИАЛЫ

Каннингэм С., 2021 год. *Причинно-следственная связь: микстейп*. Нью-Хейвен, СТ: Издательство Йельского университета.

ЕС (Европейский союз). 2016 год. «Общий регламент по защите данных, Регламент (ЕС) 2016/679 Европейского Парламента и Совета.» *Официальный журнал Европейского союза:* L119/1–L119/88, https://eur-lex.europa.eu/legal-content/EN/TXT/PDF/?uri=CELEX:32016R0679.

Гертлер П. Дж., С. Мартинес, П. Преманд, Л. Б. Ролингс, С.М. Вермеерш и М. Дж. Кристель. 2016 год. *Оценка воздействия на практике*. 2-е издание, Вашингтон, федеральный округ Колумбия: Межамериканский банк развития и Всемирный банк.

Госвами П. и С. Мадан. 2017 год. «Подходы к публикации данных и анонимизации данных, обеспечивающие соблюдение конфиденциальности: обзор». *Материалы Международной конференции по вычислительной технике, связи и автоматизации (ICCCA) 2017* года (май): —42. дои:10.1109/CCAA.2017.8229787.

МВФ (Международный валютный фонд). 2021 год. «Обзор механизма обеспечения приемлемого уровня задолженности для стран, имеющих доступ к рынкам.» МВФ, Вашингтон, Федеральный округ Колумбия.

Мажид А. и С. Ли. 2020 год. «Методы анонимизации для сохранения конфиденциальности при публикации данных: комплексное обследование.» *IEEE Access* 9: 8512–45.

Мерфи С., А. А. Бакар, Ф. А. Рахим и Р. Рамли. 2019 год. «Сравнительное исследование методов анонимизации данных.» В *материалах 5-й Международной конференции IEEE 2019 года по безопасности больших данных в облаке (BigDataSecurity), высокопроизводительным и интеллектуальным вычислениям (HPSC) и интеллектуальным данным и безопасности (IDS)*: 306–09. doi:10.1109/BigDataSecurity/HPSC46356.2019.

ОЭСР (Организация экономического сотрудничества и развития), 2015 год *Руководство ОЭСР по корпоративному управлению предприятиями в собственности государства*, в редакции 2015 года. Париж: Издательство ОЭСР. http://dx.doi.org/10.1787/9789264244160-en.

ОЭСР (Организация экономического сотрудничества и развития), 2020 год «Практика прозрачности и раскрытия информации о предприятиях в собственности государства и их собственниках: применение Руководства ОЭСР по корпоративному управлению предприятиями в собственности государства.»http://www.oecd.org/corporate/transparency-disclosure-practices-soes.pdf.

Парк С. 2021год. «Повышение прозрачности и подотчетности предприятий в собственности государства.» В работе «*Реформирование государственных предприятий в Азии»,* под редакцией Ф. Тагизаде-Хесары, Н. Йосино, К. Дж. Ким и К. Ким. Серия Института АБР по экономике развития. Сингапур: Спрингер. https://doi.org/10.1007/978-981-15-8574-6_2.

Уайт Х. 2009 год. Теоретическая оценка воздействия: принципы и практика. *Журнал по вопросам эффективности развития*, 1 (3): 271–84.

ПРИЛОЖЕНИЕ А

Полный перечень рекомендаций

ТАБЛИЦА А.1 **Полный перечень рекомендаций**

МЕРОПРИЯТИЕ	ОТВЕТСТВЕННАЯ ОРГАНИЗАЦИЯ	ОЖИДАЕМЫЙ РЕЗУЛЬТАТ
Холдинг «Байтерек» как политический инструмент		
Обновление полномочий холдинга «Байтерек» для охвата воздействия на конечных бенефициаров и рынки (включая воздействие на достижение экологических результатов) и взаимодополняемость в определении воздействия.	Правительство, МНЭ, совет директоров холдинга «Байтерек»	Повышение подотчетности механизма воздействия, охватывающего повестку в области изменения климата
Отмена ежегодной постановки и согласования КПЭ и целевых показателей для холдинга «Байтерек»; внедрение процесса, рассчитанного на четырех-пяти-летний цикл, привязанный к ССР; согласование КПЭ с расширенными/новыми полномочиями.	Правительство, МНЭ	Согласование КПЭ с расширенными полномочиями и акцент на среднесрочном воздействии; более предсказуемая привязка целевых показателей, КПЭ к бюджетной поддержке/финансированию.
Обзор мониторинга эффективности холдинга «Байтерек» и его дочерних организаций; введение иерархии КПЭ, которая также позволяет проводить мониторинг эффективности на уровне дочерних организаций холдинга «Байтерек».	МНЭ, совет директоров холдинг «Байтерек», Высшая аудиторская палата (и АСПИР)	Создание надежного механизма МиО для оценки эффективности холдинга «Байтерек» как на уровне дочерних организаций, так и на уровне группы.
Проведение обзора эффективности надзорной функции МНЭ и потребностей в квалифицированных кадрах, а также политики вознаграждения для Департамента политики управления государственными активами МНЭ	МНЭ	Повышение потенциала МНЭ по проведению надзора.
Пересмотр шкалы заработной платы холдинга «Байтерек» для привлечения и удержания специалистов из числа профессионалов финансового сектора; анализ сопоставимости с НБК и АРРФР.	Правительство, МНЭ	Укрепление потенциала человеческих ресурсов для оказания воздействия.
Институциональные механизмы и расширенное управление		
Разработка политики с целью обоснования права собственности для государственной холдинговой компании и определения отношений между государством и холдингом «Байтерек»	Правительство и МНЭ	Реализация политики в области собственности в соответствии с передовой международной практикой
Пересмотр контрактов, ориентированных на результат	МНЭ (и совет директоров для руководства холдинга «Байтерек»)	Повышение эффективности деятельности и подотчетности независимых членов совета директоров и профессиональных руководителей.

продолжение

ТАБЛИЦА А.1, *продолжение*

МЕРОПРИЯТИЕ	ОТВЕТСТВЕННАЯ ОРГАНИЗАЦИЯ	ОЖИДАЕМЫЙ РЕЗУЛЬТАТ
Управление холдингом «Байтерек»		
Реформирование совета директоров холдинговой компании Вариант 1: Сделать совет директоров полностью политически независимым, подняв уровень организации с правом владения государственным пакетом акций до уровня премьер-министра.	ПМ и МНЭ	Соблюдение принципов корпоративного управления ГП, указанных в Руководстве ОЭСР Полная независимость руководства холдинговой компании от политического вмешательства
Вариант 2: Изменить состав совета директоров таким образом, чтобы независимые директора составляли большинство.	ПМ и МНЭ	Частичное соблюдение принципов корпоративного управления ГП, указанных в Руководстве ОЭСР Снижение политического вмешательства в управление холдинговой компанией с переносом функции владения и надзора ближе к холдингу «Байтерек» и дочерним организациям
Включить в специальные комитеты совета директоров холдинговой компании только независимых директоров	ПМ и МНЭ	Снижение политического вмешательства в управление холдингом «Байтерек»
Провести проверку независимых директоров на профессиональную пригодность, добросовестность и независимость с привлечением частной международной компании по КЭБ; затраты на привлечение внешней компании по КЭБ должны рассматриваться в качестве регулярных бюджетных расходов холдинга «Байтерек».	ПМ и МНЭ	Профессиональная честность независимых директоров
«Двойной результат» и измерение воздействия		
При рассмотрении крупных инвестиционных проектов следует отбирать проекты, основанные на максимизации ERR среди взаимоисключающих альтернативных структур проекта при условии прохождения минимальной IRR (пороговая ставка).	Совет директоров холдинга «Байтерек»	Согласовать инвестиционные проекты, финансируемые дочерними организациями с полномочиями в области развития, с экологическим и социальным целям страны, включая определяемый на национальном уровне вклад, предусмотренный Парижским соглашением по климату
Провести оценку ERR с использованием методологии экономического анализа проектов Всемирного банка и других многосторонних банков развития на основе теневых цен, включая теневую цену углерода.	Совет директоров холдинга «Байтерек»	См. выше
При рассмотрении небольших инвестиционных проектов следует выбирать проекты, основанные на максимизации экономического и социального воздействия с использованием методологии измерения воздействия IRIS+ GIIN; и(или) произвести выбор на основе ERR на уровне инвестиционной программы (а не проекта).	Совет директоров холдинга «Байтерек»	См. выше
Для всех проектов рассчитать выбросы ПГ на основе Протокола по выбросам ПГ, Сфера применения 2 (как минимум)	Совет директоров холдинга «Байтерек»	См. выше
Структура и управление дочерними организациями холдинга «Байтерек»		
Учредить три группы дочерних организаций • Группа по коммерциализации и приватизации • Группа стратегического финансирования • Корпорация по управлению субсидиями / фискальный агент	Совет директоров холдинга «Байтерек»	Приведение структуры и управления дочерними организациями в соответствие с их задачами
Создание единого совета директоров для каждой из групп дочерних организаций	Совет директоров холдинга «Байтерек»	Фокусирование опыта совета директоров и правления на конкретных целях группы (коммерческие, «двойной результат», субсидии)
Включение в состав советов директоров дочерних групп и корпорации исключительно независимых директоров	Совет директоров холдинга «Байтерек»	Политическая независимость советов директоров и правлений дочерних организаций

продолжение

ТАБЛИЦА А.1, *продолжение*

МЕРОПРИЯТИЕ	ОТВЕТСТВЕННАЯ ОРГАНИЗАЦИЯ	ОЖИДАЕМЫЙ РЕЗУЛЬТАТ
Проведение проверки кандидатов в члены советов директоров дочерних структур на профессиональную пригодность, добросовестность и независимость в частной международной компании по КЭБ.	Совет директоров холдинга «Байтерек»	Неподкупность руководства дочерних организаций
Структура и механизмы управления рисками		
Укрепление подразделения управления рисками на уровне холдинга «Байтерек» для обеспечения наличия у него достаточных ресурсов, статуса и профессиональных знаний для выполнения обязанностей по надзору в рамках всей группы;	Холдинг «Байтерек»	Расширение возможностей управления рисками на уровне холдинга «Байтерек» Укрепление модели корпоративных рисков
Модернизация подразделения внутреннего аудита холдинга «Байтерек» до полноценного подразделения группы, в том числе путем внесения изменений в его устав, порядок подчиненности и распределения ресурсов	Холдинг «Байтерек»	Совершенствование системы внутреннего контроля холдинга «Байтерек» на консолидированном уровне
Создание подразделений по мониторингу комплаенса в холдинге «Байтерек» и его дочерних организациях, которые частично заменяют существующие функции внутреннего контроля	Холдинг «Байтерек»	Повышение актуальности и контроля над вопросами мониторинга комплаенса, включая противодействие коррупции, гринвошинг, ПОД/ФТ и защиту данных
Обеспечение того, чтобы решения об андеррайтинге кредитных рисков принимались на уровне БРК и не подвергались политическому влиянию.	Холдинг «Байтерек», БРК	Более надежные стандарты андеррайтинга кредитных рисков, отсутствие конфликта интересов.
Сторонний надзор и конкурентная нейтральность		
Распространить нормы регулирования и надзора на холдинг «Байтерек» на консолидированной основе	МНЭ, МФ, АРРФР	Повышение финансовой стабильности, более надежности корпоративного управления и управления рисками для холдинга «Байтерек»
Воздержаться от исключения АО «Отбасы банк» из сферы регулирования и надзора	МНЭ, МФ, АРРФР	Финансовая стабильность, высокие стандарты платежеспособности, ликвидности, корпоративного управления и управления рисками для АО «Отбасы банк»
Рассмотреть вопрос о распространении норм регулирования и надзора на индивидуальной основе на БРК с потенциальным применением исключений и льгот при условии, что это обосновано полномочиями и видом деятельности	МНЭ, МФ, АРРФР	Финансовая стабильность, более высокие стандарты управления рисками, платежеспособности, ликвидности, корпоративного управления для БРК; повышение прозрачности деятельности БРК.
Прозрачность и раскрытие информации		
Расширить раскрытие данных на уровне клиентов при условии надлежащей анонимизации и псевдонимизации, таким образом позволив заинтересованным сторонам, таким как аналитические центры и исследователи, проводить независимые исследования, анализ и оценку воздействия операций холдинга «Байтерек».	Холдинг «Байтерек» и дочерние компании	Повышение рыночной дисциплины и подотчетности
Усовершенствовать производство и публикацию данных о квазифискальных операциях, создающих риски для экономической приемлемости долга	МФ, холдинг «Байтерек» и дочерние организации	Усовершенствованная система управления долгом и повышенная устойчивость долга
Улучшить структуру налогово-бюджетной отчетности, в которой должно быть четко разграничено финансирование, субсидии и средства фискального агента.	МФ/МНЭ и холдинг «Байтерек»	Повышение налогово-бюджетной прозрачности по отношению к квазифискальным организациям

продолжение

ТАБЛИЦА А.1, *продолжение*

МЕРОПРИЯТИЕ	ОТВЕТСТВЕННАЯ ОРГАНИЗАЦИЯ	ОЖИДАЕМЫЙ РЕЗУЛЬТАТ
Проводить верификацию заявленного воздействия на регулярной основе специализированными компаниями и периодически АСПИР	Комитет по воздействию холдинга «Байтерек», ВАП, парламентский комитет, АСПИР	Повышение подотчетности за воздействие, оказанное такими квазифискальными учреждениями как холдинг «Байтерек»
Расширять сотрудничество с третьими сторонами (например, Бюро национальной статистики или НБ РК), специализирующимися на данных макро- и микроуровня, для повышения экономической эффективности и расширения охвата	Холдинг «Байтерек» и дочерние компании	Сокращение затрат на сбор данных и их доступность для оценки воздействия

Источник: Всемирный банк.

Примечание: АО=Акционерное общество; АРРФР = Агентство по регулированию и развитию финансовых рынков; ВАП = Высшая аудиторская палата; АСПИР = Агентство по стратегическому планированию и реформам; БРК = Банк Развития Казахстана; ERR = экономическая норма прибыли; ПГ = парниковый газ; GIIN = Глобальная сеть воздействия на инвестиции; IRR = внутренняя норма доходности; KPI = ключевой показатель эффективности; МиО = мониторинг и оценка; МНЭ = Министерство национальной экономики; МФ = Министерство финансов; ПОД/ФТ = Противодействие отмыванию денег / финансированию терроризма; ССР = среднесрочная структура расходов; НБК = Национальный Банк Казахстана; ОЭСР = Организация экономического сотрудничества и развития; ПМ = премьер-министр; ГП = государственное предприятие.

ПРИЛОЖЕНИЕ Б

Основные показатели АО НУХ "Байтерек"

ТАБЛИЦА Б.1 Основные показатели АО НУХ “Байтерек”

ПОКАЗАТЕЛИ	2013	2014	2015	2016	2017	2018	2019	2020	2021	2022 (ПРЕДВАРИТЕЛЬНЫЕ ДАННЫЕ)
1. Активы (миллиард тенге)	1,865	2,325	3,460	4,103	4,433	4,719	5,214	6,813	9,870	12,232
2. Темп роста активов, (%) (к предыдущему году)	—	25	49	19	8	6	10	31	45	24
3. Консолидированные активы холдинга к ВВП, (%)	5.6	6	8.5	8.9	8.2	7.6	7.5	9.2	11	11.8
4. Обязательства (миллиард тенге)	1,190	1,525	2,597	3,160	3,381	3,658	3,987	5,382	8,200	10,134
5. Темп роста обязательств, (к предыдущему году), (%)	—	28	70	22	7	8	9	35	52	24
6. Чистая прибыль (миллиард тенге)	29	42	49	49	44	35	52	73	110.9	380.6
7. Нераспределенная прибыль как источник капитала (миллиард тенге)	—	—	—	36.8	97.2	81.8	142.9	196.8	175.8	524.7
8. Темп роста чистой прибыли по сравнению с предыдущим годом. (%)	—	141.4	118.7	98.3	89.8	79.7	148.4	141.8	151.8	343.2
9. Капитал (миллиард тенге)	675	800	863	943	1,052	1,061	1,227	1,431	1,670	2,098
10. Темпы роста капитала по сравнению с предыдущим годом. (%)	—	19	8	9	12	1	16	17	17	26
11. Акционерный капитал (миллиард тенге)	633.1	718.3	758.3	802.3	846.2	846.2	917.2	1,046.5	1,266.2	1,366.2
12. Темп роста акционерного капитала по сравнению с предыдущим годом. (%)	—	13	6	6	5	0	8	14	21	8
13. Рентабельность активов - ROA (%)	1.6	2	1.7	1.3	1	0.8	1	1.2	1.33	3.4
14. Рентабельность капитала - ROE (%)	4.4	5.6	5.9	5.4	4.4	3.3	4.5	5.5	7.15	20.2
15. Дивиденды(миллиард тенге)	—	—	—	—	—	—	1.5	11.2	10.4	33.1
16. Количество дочерних компаний в структуре Холдинга.	10	11	11	11	11	11	11	9	8	8
17. Соотношение долг/капитал	1.8	1.9	3	3.4	3.2	3.4	3.2	3.8	4.9	4.8
18. Кредитный портфель (миллиард тенге)	849	1361	2126	2390	2603	3102	3633	4282	6166	8160
19. Кредиты юридическим лицам(миллиард тенге)	651.5	1071.3	1733.2	1812	2040.4	2399.4	2746.5	3316.3	4704.1	6511.9
Из них, корпоративные кредиты (миллиард тенге)	549.6	989.1	1541.9	1568.2	1626.5	1614.7	1584	1816.7	1806.3	1741
20. Кредиты банкам и финансовым учреждениям (миллиард тенге)	133.2	236.2	332.2	—	284.1	275.2	373.7	343.6	367.9	298.9
21. Жилищное финансирование (миллиард тенге)	61.2	—	—	—	243	360	527	609	1,235	1,382
22. Доля частного сектора в кредитном портфеле. (%)	76.7	78.7	81.6	75.8	72	72.7	77.7	77.6	81.7	89.05
23. Объем долгосрочных кредитов, выданных крупным предприятиям несырьевых секторов экономики (миллиард тенге)	81	251	262	278	422	443	453	486	533	358.9

продолжение

ТАБЛИЦА Б.1, *продолжение*

ПОКАЗАТЕЛИ	2013	2014	2015	2016	2017	2018	2019	2020	2021	2022 (ПРЕДВАРИТЕЛЬНЫЕ ДАННЫЕ)
24. Доля Холдинга в годовом долгосрочном кредитовании крупных предприятий несырьевых отраслей. (%)	19	38	40	36	44	46	42	41	28	25.6
25. Всего кредитов МСБ (миллиард тенге)	—	—	—	—	549	495	611	1,680	2,197	1,554
26. Доля кредитного портфеля Холдинга (в рамках инструментов прямого кредитования) в общем объеме долгосрочной задолженности предприятий несырьевых секторов экономики. (%)	—	—	—	45	45	47.6	49.7	50.8	46.6	40.6
27. Доля кредитного портфеля и инвестиционного портфеля в общих активах Холдинга. (%)	47	61	65	71	69	73.2	78.2	78.5	73.64	74.4
28. Доля кредитования МСБ при содействии Холдинга в общем объеме долгосрочных кредитов небанковским юридическим лицам. (%)	—	—	—	30.5	40	37	48	41	40	32.7
29. Доля негосударственных источников заимствования в общей структуре заимствования. (%)	—	—	—	—	63	65.2	62.1	25.9	72.7	70.8
30. Общий объём выданных гарантий (миллиард тенге)	—	—	—	—	9.4	56.6	88.8	120.6	372	211.8
31. Приобретение облигаций МИО (миллиард тенге)	—	—	—	38.2	71.8	98	108.8	281.2	163.7	176.4
32. Общий объём страховых обязательств (миллиард тенге)	—	—	—	—	40	90	97	134.6	204.7	259.1
33. Индекс доверия	—	—	—	—	86	87.8	88.1	88.3	87.5	87.2
34. Итого доходы (миллиард тенге)	150.2	173.9	291.8	292	330	366.7	427	463	753	1,227
35. Итого расходы (миллиард тенге)	111.3	122.3	215.2	254	278	314	363	378	610	846
36. Субординированный долг (миллиард тенге)	17.7	14.2	14.7	15.2	5.4	6.5	6.1	7	7.5	8
37. Государственные кредиты Республики Казахстан (миллиард тенге)	60.9	61.8	54.4	103.6	180	208.8	283.8	347.7	577.4	776.6
38. Инвестиционный портфель (миллиард тенге)	23	48	139	517.7	450.1	350.7	442	1,067.7	1,102.3	1,024.5
39. Средства, полученные из государственных источников по балансу (миллиард тенге)	—	273	315.6	371.5	134.1	86.6	186.6	224.2	274.7	—

продолжение

ТАБЛИЦА Б.1, *продолжение*

ПОКАЗАТЕЛИ	2013	2014	2015	2016	2017	2018	2019	2020	2021	2022 (ПРЕДВАРИТЕЛЬНЫЕ ДАННЫЕ)
40. Выпущенные долговые ценные бумаги (миллиард тенге). Включая	344.6	505.7	800.4	1,026.3	1,126	1,439.8	1,649.6	2,511.2	4,065.4	3,739.5
Еврооблигации в долларах США	279.4	331.3	526.4	469.2	468.8	529.4	534.5	557.2	791.5	394.1
Еврооблигации в тенге	—	115.2	218	—	96.7	200	200.7	165	266.8	262.5
Ипотечные облигации	49.9	47.9	39	29.8	35.2	38.6	44.9	30.6	60.9	61.3
Исламские облигации	10	11.3	16.9	15.9	—	—	—	—	—	—
Прочие облигации в казахстанских тенге	5.1	115.2	215.8	511.3	525.5	671.8	869.7	1758.3	2946.2	3016.5
41. Кредиты банков и других финансовых учреждений (миллиард тенге)	507.9	619.2	1,138	1,101.5	1,010.2	837.5	652.3	686.3	652.5	946.5
42. Государственные субсидии (миллиард тенге)	—	—	—	—	—	411.2	456.1	580.1	741.6	1,052.5
43. Отложенные налоговые обязательства (миллиард тенге)	0.2	7.1	26	26.2	28.4	19.4	26.2	33.7	40.3	45.3
44. Объем средств, привлеченных через рынки капитала, по видам средств	—	3,164.6	2,608.4	3,057.4	3,194.4	3,432.2	3,663.9	5,063.1	7,181.3	7,825.2
- миллион долларов (USD)	—	4,765.5	4,787.8	4,600.4	4,190.7	3,317.4	2,807.3	2,853	3,109	2,431.1
- миллион рублей (RUB)	—	—	—	—	2,474	3,048	2,911	2,752.8	6,170	27,818.5
- миллиард тенге (KZT)	—	713	983.1	1,524	1787	2,140	2,576	3,847.4	5,804	6,521.6

Источник: АО НУХ «Байтерек».
Примечание: ВВП=Валовой Внутренний Продукт; МИО = местные органы исполнительной власти; ROA = рентабельность активов; ROE = рентабельность собственного капитала; МСБ = малый и средний бизнес;
— = нет данных.

www.ingramcontent.com/pod-product-compliance
Lightning Source LLC
Chambersburg PA
CBHW041445210326
41599CB00004B/138

* 9 7 8 1 4 6 4 8 2 0 4 6 5 *